大人物小故事丛书

艺术家

颜煦之◎编著

台海出版社

图书在版编目（CIP）数据

艺术家 / 颜煦之编著. —北京：台海出版社，
2013. 7

（大人物的小故事丛书）

ISBN 978-7-5168-0211-3

Ⅰ. ①艺…Ⅲ. ①颜…Ⅲ. ①艺术家—生平事迹—世
界—青年读物 ②艺术家—生平事迹—世界—少年读物

Ⅳ. ①K815.7-49

中国版本图书馆CIP数据核字（2013）第133313号

艺术家

编　　著：颜煦之

责任编辑：王　萍

装帧设计：视界创意　　　　版式设计：钟雪亮

责任校对：李艳芬　　　　　责任印制：蔡　旭

出版发行：台海出版社

地　　址：北京市朝阳区劲松南路1号，　邮政编码：　100021

电　　话：010－64041652（发行，邮购）

传　　真：010－84045799（总编室）

网　　址：www.taimeng.org.cn/thcbs/default.htm

E-mail：thcbs@126.com

经　　销：全国各地新华书店

印　　刷：北京一鑫印务有限责任公司

本书如有破损、缺页、装订错误，请与本社联系调换

开　　本：710×1000　　1/16

字　　数：178千字　　　　　　印　张：12

版　　次：2013年7月第1版　　印　次：2021年6月第3次印刷

书　　号：ISBN 978-7-5168-0211-3

定价：29.60元

目录 MU LU

编者的话

古往今来，世界上涌现了多少英雄豪杰、旷世奇才！他们中有的胸怀天下，保家为国，为民谋福；有的文武双全，万夫莫当，勇冠三军；有的超凡入圣，博古通今，满腹经纶；有的足智多谋，能言善辩，安邦定国；有的七步成章，著书立说，著作等身；有的多才多艺，身怀绝技，不同凡响；有的心灵手巧，创造发明，造福人类；有的学富五车，诲人不倦，为人师表；有的浪迹天涯，出生入死，敢为人先；有的忍辱负重，自力更生，艰苦创业……

这些出类拔萃、建有丰功伟绩并能流芳百世的人物，就是人们所景仰的政治家、军事家、思想家、外交家、文学家、艺术家、科学家、教育家、探险家、企业家……

这些人，在他们各自领域能取得辉煌的成就，都有各自的原因。或是勤奋好学，任劳任怨；或是克勤克俭，锲而不舍；或是谦虚谨慎，勇于探索……他们的成功，离不开他们良好的心理素质和高尚的道德品质。他们的成功，都饱含着辛勤的汗水和痛苦的泪水。他们的成功，都有一个个说不完的动人故事。

这些人，是能人，是强人，是名人，是巨人，是圣人，是"超人"，是伟人，是我们常说的大人物。他们不仅为后人留下数不尽的物质财富，也给我们留下无尽的精神力量。他们是人们崇拜的对象，也是人们学习的榜样。

人们常说，"榜样的力量是无穷的"。"近朱者赤，近墨者黑"，就是这个道理。孟母三迁，择邻而居，就是要为儿子找个好榜样。

这里，我们收集了10个领域里共1000多位大人物的小故事。大人物，虽是伟人、巨人，但他们也是常人，是凡人。他们也有着跟普通人一样的经历。他们有七情六欲，喜怒哀乐；他们有成功的喜悦，也有失败的痛苦；他们曾有万贯家财，也曾一贫如洗；他们曾所向无敌，也曾溃不成军；他们曾受人敬仰，也曾被人耻笑……在他们身上，有许多这样生动有趣的小故事。

这些小故事，大都以历史事实为依据，加以描写；也有以人物传记为蓝本，加以缩写；也有以新闻报道为素材，加以改编。这些小故事，有写政治家的雄才大略，也写他的大智若愚；有写军事家的视死如归，也写他的儿女情长；有写外交家的大义凛然，也写他的委曲求全；有写思想家的真知灼见，也写他的人生追求；有写艺术家的勤奋刻苦，也写他的德艺双馨；有写教育家的知识渊博，也写他的不耻下问；有写文学家的创作甘苦，也写他的奇妙构思；有写科学家的呕心沥血，也写他的失败经历；有写探险家的赴汤蹈火，也写他的胆大心细；有写企业家的仗义疏财，也写他的精打细算……

这些小故事，像一颗颗璀璨的露珠，晶莹剔透，闪闪发亮，能折射出大人物们身上夺目的光芒。这就是人格魅力！这就是人格力量！这就是我们学习的榜样。

我们写出这些大人物的小故事，把他们的精神面貌一一展示在你的面前，少年朋友们读了这些小故事，当可从中获得知识，受到启迪，明白事理，学会做人。

祝福你，少年朋友，但愿你也能成为大人物！

·俞伯牙摔琴祭友·

春秋时代，楚国郢都（今湖北荆州附近）出了一个音乐家，姓俞名伯牙。他在晋国担任上大夫一职。这人精通音乐，尤其擅长操琴。有一次，他外出回来，遇到一个知音，名叫钟子期，就与他结拜了兄弟。

第二年，俞伯牙乘船又来到上次遇到钟子期的汉阳江口。

他命船夫停船等他，自己换了一身平民衣服，只让书童捧琴跟随其后，上了江岸，去找这位结拜兄弟。

因为上次是在船上拜的兄弟，人又走得匆忙，没去钟子期家里坐坐，俞伯牙当时心想，一来自己公事在身，没空去拜访；二来钟家兄弟出身樵夫，家境一定好不到哪里去，贸然去了，会使他难堪。好在交友重在交心，也不在朝朝暮暮。所以只是问了一声地址，说好下次再去见他。

记得当时钟子期告诉自己，他家住在离江口7里的一个叫古娄子的小村子里，就在山脚下，门口有个池塘。俞伯牙步行走了约5里路，见路旁坐着一个老农，便上前一揖，道："借问老伯一声，附近有个叫古娄子的村子吗？"

那人见他衣着虽然寻常，但是身后书童手里那张琴却不是日常所见，谈吐也不像乡里人，就站起来还了一揖，道："有的，就往西1里光景。"伯牙谢过了，继续往前走。没走10步，后面那老伯又叫道："那位客人，敢情是去找钟子期的吧？"

伯牙回过头来，道："正是。老伯可认识这人？"

老伯道："岂止认识，我与他是同村人。尊客找他有何贵干？"

伯牙回来几步，道："钟子期与在下是结拜兄弟，在下正打算去找他一叙旧情。"

老伯一脸凄然道："尊客来迟了几天。他……他走了。"

伯牙拱手道："难道他出了远门？有什么急事吗？"

老伯也不回答他的话，自顾自道："对了，尊客一定就是他说的那位大官姓俞的了？他说尊客很懂音乐，有这回事吗？"

伯牙道："正是。在下俞伯牙。钟兄弟说起过在下吗？"

"也没多说什么。只说他很高兴，结拜了一位好长兄，姓俞，可惜是位当大官的，不然倒真可以常常走动走动。"

伯牙见他说话吞吞吐吐，口气不太对劲儿，连忙问道："那他上哪儿去了？近几天会回来吗？"

老伯长叹一声道："回来是回来不成了。他——数个月前死了！……喏，那边是他的坟头。"

伯牙乍听此言，犹如五雷轰顶，摇摇晃晃站在那里，半晌作声不得。

等他醒悟过来，老伯早已走了。

书童见伯牙六神无主，道："也不知这老头子说的是真是假。老爷先别走开，待小的先去坟头看上一看。"

不远山坡上果然有一个坟头，书童去了不久，直向他招手。

伯牙进一步退半步地走上前去，只见黄泥冢前，立着一块墓碑，上书"钟子期之墓"5个大字。

原来钟子期自遇俞伯牙以来，怕与兄长在音乐上的距离拉远，更加用功，砍柴之余，日夜辛勤，终于造成心力耗尽，染疾而亡。

伯牙见知音真的死了，一时悲恸欲绝，大哭一声，昏死过去，吓得书童大惊失色，去池塘边取水来淋在主人头上，折腾了半天，才让主人苏醒过来。

伯牙又哭了好一阵，才盘腿坐在地上，边流着眼泪边抚琴一曲，算是告慰兄弟。

然后他解下随身带的刀，籁的一声，将琴弦齐齐割断了。

最后，伯牙站起身来，将这宝琴用力一摔，摔碎在石碑之上。可怜好好儿一张宝琴，玉轸残破，金徽零乱，撒了一地。

书童不敢去拦，只是呼道："老爷，老爷，这……这琴……"伯牙凄然道："知音已走，今后奏琴有谁来听？！"后人为了这事，曾写诗一首：

> 摔碎瑶琴凤尾寒，
> 子期不在对谁弹！
> 春风满面皆朋友，
> 欲觅知音难上难。

·优孟摇头而歌·

优孟是中国春秋时期的一名演员。那时候，演员属于地位低下的人，这类人是没有姓氏的，只有一个名字。这位演员的名字就叫孟，而优则是他的职业，也就是优伶的意思，人们用职业和名字称呼他，叫他优孟。这位出色的古代演员，大约活动在公元前613年到公元前590年间的楚庄王时代。

楚庄王，就是那位"三年不飞"、"一鸣惊人"的楚国国王。他有一位忠心耿耿的相国孙叔敖，孙叔敖为官清正，生前没有留下任何家产。他死后，家人生活十分困难，穷得连饭都吃不上，两个儿子不得不上山砍柴，靠艰苦的劳动艰难度日。而楚庄王似乎早已把自己的这位相国忘记了，从不问一下孙叔敖家中的事。

楚国上下，记得起孙叔敖的人，大多地位低下，人微言轻，什么话都无法说。而那些与孙叔敖同朝为官的人，要么不敢扫了大王的兴致，要么只管自己升官发财，也没有人肯在楚庄王面前替孙叔敖说一句公道话。

只有优孟与那些"人一走茶就凉"的人不同，他虽然地位低贱，却很为相国身后家人的凄凉境遇感到不平，决心用自己的办法，把真相告诉楚庄王，替孙叔敖说一句公道话，改善他后人的处境。

楚庄王的40大寿到了，楚王宫内，大摆筵席，全国各地流水般地送来种种寿礼，大臣们的赞颂之辞不绝于耳，吹捧得楚庄王晕乎乎的，简直不知道天下还会有什么不尽人意的事情了。

这样的场面，当然少不了乐舞和谐戏，用来给参加宴会的贵族们助兴。优孟就是楚宫里最出名的谐戏优伶，擅长演带滑稽色彩的戏。

因为他表演得十分出色，又常常在演戏时发出一点谏讽，所以很得楚庄王的宠幸。

当群臣们正在欢乐畅饮的时候，在身穿各种服装、化装成各色人等的谐戏伶人队伍之中，突然走出一个人来。他迈着徐徐的步子，愁容满面地走向楚庄王，举起酒樽，向楚庄王祝贺不惑之年的大寿。

喝得面红耳赤的楚庄王见有人来敬酒，便举起酒樽，抬起头来。这一瞧，吓得楚庄王冒出一身冷汗，樽中的酒也泼了出来。他吃吃地问："你，你不是死了吗？"那人穿的衣服、面容以及一举一动，分明就是已经故去的相国孙叔敖！

那人舒展开皱着的眉头，改变了嗓音说："大王，我不是相国，我是优孟呀。"楚庄王这才舒了口气，揉揉眼睛，定下神来，说："真像，扮得真像！我还以为相国死而复生了呢。"说完又低头沉思了一会儿说："相国死后，寡人一直想念他。你扮他扮得真像，就留在我身边当相国吧。"

优孟听罢，顿时泪流满面，伏在地上，抽泣着说："大王，相国的后人现在正受着苦呢。家中没有吃的，他的两位公子被迫上山砍柴谋生。大王！相国当年为楚国立下汗马功劳，您不能不照顾一下他的后人呀！"说完，又摇晃着脑袋，唱起一段凄凉的曲子，叙述孙叔敖一家悲惨的遭遇，唱得在场的人都低下了头。

一个热热闹闹的庆寿宴会，顿时变得愁云遍殿，好些同情孙叔敖的人都替优孟捏了一把汗，只怕他不合时宜地提出这个问题，搅了大王的兴致。万一楚庄王恼怒起来，他岂不要吃不了兜着走？

好在楚庄王也不是个昏庸的君王，他沉吟了一下，对优孟说："你的意思我知道了，我这就派人把相国的后人找来，拨点钱粮，让他们过平安的日子，让相国在九泉之下安心。"

·钟繇痴情学书法·

　　钟繇是三国时代的大书法家，他是河南长葛人，生活在曹操统治下的魏国，151年出生，去世的时候已经是曹操孙子当皇帝的第四年，即230年。他实现了中国汉字由隶书进入楷书的转变，对中国书法的发展有很大的贡献，人们把他和王羲之并称为"钟王"。

　　和三国时三足鼎立一样，在书法界，当时也有三位顶尖的高手，他们便是钟繇、邯郸淳和韦诞。不过他们都在文化比较发达的北方，在曹操的手下同朝为官。其中，钟繇是最有名的一位。作为文学家的曹氏父子，对他们很器重，常常跟他们讨论隶、行、草书的结构间架，行笔走势。

　　钟繇为什么能够超出同时代的人，成为书坛之首呢？原因在于他自幼勤勉好学，少年时，听说当时的大书法家刘德升隐居在抱犊岗，他便不远千里，到刘德升家中拜他为师，在刘家足足呆了3年。他埋头苦学苦练，书法水平终于突飞猛进。

　　跟邯郸淳、韦诞同朝为官之后，钟繇一直没有放松对书法的研究，因此水平日益提高，另外两人似乎已经难以赶得上他。邯郸淳人比较豁达，倒也罢了，韦诞明知自己艺不如人，却不愿居人之下，心底里不免酸溜溜的，跟钟繇始终较着一股劲儿。

　　韦诞之所以能够跟钟繇较劲儿，是因为他拥有汉代大书法家蔡邕的真迹，临摹久了总能学到一些精髓。韦诞一直把那份真迹当做宝贝似的。每次总要关好门窗，独自一个人在内室揣摩。

　　这个秘密终于被钟繇知道了，痴爱书法的钟繇立即去拜访自己的同行，请求能一睹蔡邕真迹，学习临摹前人"骨气洞达，爽爽有神"

的特色，愿意和韦诞共同揣摩、切磋，提高对书法艺术的认识。

可是，韦诞是个心思偏执、心胸狭窄的人。他觉得自己好不容易有一处压住钟繇，怎么肯把这个秘宝与他分享？他矢口否认曾经见过蔡邕的书法，后来又说在先师手中见着一回，至于真迹，先师爱极，已经当做殉葬品，带入黄泉，实在爱莫能助。

钟繇几次三番去韦家恳求，韦诞始终不肯把真迹给他看，气得他好几次在家里嚎啕痛哭，有一次甚至捶胸顿足，哭得口吐鲜血，昏死过去。曹操听了，急忙派人取了五灵丹灌服，钟繇才不至于命丧黄泉。这事儿属于私人好恶，曹操也不便插手，只能劝说钟繇一番，叫他心放宽点，不必太执意。钟繇也只得就此罢休。

心地太执拗的人，恐怕会折寿。韦诞终于比与自己差不多岁数的钟繇早死了，钟繇听说他把蔡邕的真迹带进了坟墓，实在是无奈。不久，他又听说韦诞的墓被人盗了，便千方百计去寻找随葬的蔡邕真迹。工夫不负有心人，他终于找着了那幅日思夜想的书法作品。

得到了蔡邕真迹之后，钟繇真是爱不释手，有几次，他上厕所也拿着看，一去就是几个时辰，害得家人到处去找他，最后才发现他在厕所津津有味地用手指临摹着蔡邕的真迹。经过一段时间的努力，他终于把当时最通用的隶书，改成方方正正的楷书，为中国的书法艺术发展开辟了一个新的天地。

·嵇康与《广陵散》·

嵇康是魏晋时期的音乐家、文学家，生于224年，是当时反对司马氏统治的竹林七贤之一，作的曲子除《广陵散》外，尚有《嵇氏四弄》、《风入松》、《玄默》等。263年，他被司马昭杀害，临终奏一曲《广陵散》，并感叹此曲后继无人，谱写了一曲中国音乐史上的悲歌。

当嵇康出生的时候，曹丕刚刚当上魏文帝。魏文帝的儿子明帝曹叡去世之前，魏国的大权，完全落入了司马家族的手中。曹丕的子孙，一如当年东汉时的献帝一样，只差拱手把皇位让给司马家了，作为对曹氏一族忠心不贰的人，嵇康当然对司马氏一家充满着反感。嵇康号称竹林七贤之一，他用种种办法，表达自己对司马氏的不满，无论是文字、音乐，都表达了这种心态。

嵇康的著名琴曲《广陵散》据说是表现古代聂政刺杀韩衰侯的故事的。春秋战国时代，韩衰侯十分昏庸，偏信丞相侠累，与秦国联盟，出卖自己的国家。聂政学会了剑术和琴技，混进宫殿，弹琴过程中，拔出藏在琴里的剑，一剑刺死了侠累，第二剑杀了韩衰侯。聂政知道自己难免一死，但不能祸及他人，所以他先毁去自己脸容，然后自杀。他的尸首被放在大街上，让别人辨认，谁也无法认出他是谁来。后来是他姐姐聂荌来认了尸，聂荌自己也当场自尽身亡。

嵇康选中这个故事，当然是看中聂政那种不怕牺牲、为国除害的精神，他日思夜想的，也正是出现一位当代的聂政，能把当代侠累一剑刺死，替天下百姓除去大害。这种借古讽今的主旨，是再明显不过的了。

自古以来，古琴一般都奏缓慢抒情的曲调，抒发的是个人的情感，描写的是自然风光。像《广陵散》这样表达英雄主义的曲子，实在是少之又少。所以，每当嵇康弹奏起激昂慷慨的《广陵散》，听的人无不动容，从内心升起对琴曲所表达的情感的共鸣。

好多人都想拜嵇康为师，学习这一段琴曲，但嵇康却始终不肯教人弹《广陵散》，就是他的外甥袁孝来求他，他也拒绝了。嵇康编了一段故事，说是有一天他正在练琴，突然一位仙客从天而降，教了他这一段乐曲，而且告诉他，《广陵散》只能由他一人弹奏，不准他传授给第二人。其实，他是不想因为《广陵散》而连累别人。

嵇康秉性清高，宁愿在家打铁，也不肯巴结司马集团。在那个三国鼎立的时代，不为我用，便是犯罪。司马集团终于忍耐不住，诬告嵇康通敌，判了他死罪，竹林七贤的其他人，关押的关押，流放的流放。一个持不同政见的文人集团，便这样被残酷地镇压了。

行刑的日子到了，在刑场上，嵇康只提出了一个要求，让他再弹一次《广陵散》。琴取来了，嵇康从容自若，坐在地上，弹起了自己这一首最出色的作品，琴弦在他十指间发出激情的乐声。不畏强暴，勇于斗争的故事，用嵇康的心演奏出来，显得更加激情奔放、扣人心弦。

一曲奏完，嵇康站起身来，啪的一声摔碎了古琴，仰天长叹："我一死不惜，只可惜这《广陵散》从此就失传了！"一代卓越的音乐家，就这样被害了。

其实，在沉寂了很长时间之后，《广陵散》终于又出现在人世。隋朝统一了中国，由嵇康外甥偷偷记录下来的琴谱，收藏在宫中。唐朝灭亡之后，曲谱又流入民间。直到明代，才正式收入古琴曲集《神奇秘谱》。

·只有"一点"像羲之·

　　王献之是晋代大书法家王羲之的儿子，生于344年，386年去世。他从小就跟父亲学书法。起初因为父亲的名气太大，他总无所成就。后来经过自己勤学苦练，功力渐增，终于自成一格，成为书坛上又一颗闪亮的明星。父子皆成著名的书法家，这成为中国书坛的佳话，也成为后代书法家的楷模。

　　王献之从小就跟父亲学习草隶，学了几年后，自己以为有父亲指点，又有父亲的字做范本，还花了这么长的时间练习，自己草隶的水平世上数不着第一，那第二是不会有什么问题的了。有一次，他尽力写了一张，左瞧右瞧，觉得跟父亲写的也差不到哪里去。他便兴奋地拿了那幅字，到父亲那儿，说是请父亲指点，心里只想得到父亲的好评。

　　王羲之看了儿子写的字，只是说了声："写得还可以。"下边就不吭一声了。王献之等了好久，正想开口，却见父亲提起桌上的毛笔，在王献之写的那幅字上加了一点。原来王献之写的有个字，少写了一点，变成一个错字。这一下王献之再也没办法开口了。

　　从父亲书房中出来，王献之一肚子懊恼，就为了这一点，堵了自己的嘴，要说的话没法开口。他想想实在不甘心，就去找自己的祖母。他知道，祖母在父亲小时候，也教过父亲写字，有她夸奖，心里也会好受一点儿。

　　在祖母面前，王献之可有点儿撒娇，一定要她老人家说点儿好听的话。老人对孙子当然爱极，把字读完，连连点头，感慨万分地说："听说你为了练字，磨墨用完了七缸水，果然有进步，你看，那一点，就很像你爹写的字。"王献之还不甘心，一定要祖母讲出道理来。祖母笑笑说："别的字只是形状有点相像，只有那一点，才算神似。"老祖母说的，就是王献之少写了的由父亲添上去的那一点。

听了祖母的话，王献之哪里还有什么心情继续纠缠？他只觉得灰心丧气，感到这书法实在难以学成。甚至认为自己当了书圣的儿子，也是一种不幸，有父亲那样高明的书法压着，自己不知道什么时候才能出头呢。

王献之心灰意冷之后，便想着到户外去游历一番，也好散散心，解解闷。父亲倒也同意，说行千里路，读万卷书，这才是做文人的本分，而且目光远大了，对写字也有好处。王献之于是做好准备出了门。

出了门，确实比一天到晚在家里练书法舒服多了。几天一过，那天留在心里的郁闷也渐渐散去，人也变得精神起来，觉得父亲也不是那么可气了。

那一天来到一处集市，看到一处围着一圈人，喝彩声不断传来。他心中好奇，便上前观看。只见人群围着一个烤饼炉，一位老太太正在贴饼。可是她不像一般人那么一排排地把饼贴上炉子，而是背朝着炉子，一边擀饼，一边往后扔，那些饼子像长着眼睛一般，一只只整整齐齐，贴上炉子，不一会儿就贴满了一炉，那手法真神极了。

王献之初次看到这种妙技，不觉驻足多瞧了一会儿，问老妇人饼子怎么会这么听话，贴得这么整齐。

老妇人笑笑，回答说："这种小本事算不了什么。你看书圣的字，那才是真本事呢，我跟他相差太远。我只不过学到他的道理，世上万事万物，总逃不出熟能生巧的道理，我只是贴饼贴得熟练一点儿罢了，哪里比得上人家那字写得又纯熟又漂亮！"

王献之听了，只觉双颊发烫。他一言不发，朝老妇人行了一礼，回头便赶到家中，下苦功练起字来。没过多久，他终于追上父亲，还改变了当时古拙的字风，自成一格，也成了一位大书法家。

·戴逵听众议·

　　戴逵是活跃在370年到420年间的东晋雕塑家，他自小聪明勤奋，善于向老艺人学习，而且即使在成名之后，也虚心听取不同的意见，为艺坛留下了许多佳话。

　　东晋时候，大批的北方贵族迁徙到南方，他们带来了中原文明，还把在北方已经流行了一个时期的印度佛教传进了南方。于是，南朝的各地，纷纷建起了寺庙，搞雕塑的人有了用武之地。他们互相切磋，开创了佛像塑造的一个新阶段。

　　有一次，一所寺院准备塑一座超出别的寺院的佛像，指定要塑出6丈高的金身像。许多艺人听说要塑得这么高大，都有点望而却步，不敢接下这活儿。于是，寺里的方丈便来找戴逵，请他出山，说如果戴逵不肯接手的话，恐怕再也没人敢接这活儿了。戴逵拂不了方丈的情，只得把塑造南朝第一高佛像这一重任接了下来。

　　戴逵是位对事业非常认真的人。他巧妙地构思了那座佛像，采用了比较古朴的塑像技术，雕成后，见到的人都一致称好。这雕塑是江南第一大佛，别人没有一点儿可以比较的东西，光凭这一点儿就足以称好了。但正因为没有可比的，塑像本身的缺点也就难以显现，戴逵倒想多听一些批评建议呢。

　　于是，戴逵在佛像所在的殿外，贴了一张告示，声明殿内的佛像还没最后塑就，希望各位同行多多指正，待修改过以后，才准寺庙开光，成为正式的佛像。

　　戴逵请来许多同行，向他们求教。那些同行觉得自己当初不敢接手，戴逵已经塑好，再来说三道四，实在不该。另外一些外行，只会附庸风雅，根本说不出有价值的意见。至于一般老百姓们，也不会坦然在一个名家面前说话。看来，要修改这尊佛像，实在是难。

戴逵思前想后，终于想到一个妙法。他把那张告示撕掉，允许所有的人都进殿参拜。自己每天一早就躲到佛像的帷幔后，一坐就是大半天，静心地听前来拜佛的人的话语，从里面找到对佛像的批评意见。

开始来的人，都是些顶礼膜拜的善男信女。他们都以为，为新的佛像上头一炷香，菩萨一定会先照拂自己。他们说的，除了对菩萨的颂词以外，当然只是些祈求和许愿。戴逵只能耐心地听了一遍又一遍，听烦了也不敢打瞌睡，生怕漏去了自己想听的话。

等一拨拨求神拜佛的人过去之后，才开始有欣赏雕塑艺术的行家来到。这时候，戴逵恨不得多生两只耳朵，把每句话，甚至每个字都记在心里，作日后修改佛像的依据。他倒也真的收获颇丰。

来的人并不知道有人躲在帷幔后面偷听，说起话来便直截了当了许多，有的人甚至有点出言不逊。有一个人抬着头，盯住佛像的脑袋，比了好大一会儿，摇着头说："看来戴逵也不怎么着。大凡塑这么大的佛像，佛首该比认定中的大上一点儿，人从低处看，佛首在最高处，大了才变得相称，你们看，那佛首是不是小了些？"

"哪止是大小？"年轻的一位也说，"你看那佛像只图古朴。佛也跟人一样，缺了感情，也便缺了感染力。我看把佛塑得更人情一点儿，善男信女们也会更陶醉一点儿呢。"

两个人和同来的人接着便七嘴八舌一齐说起来。好多好多意见十分中肯，戴逵一一铭记在心，又把那些意见揣摩了3年，终于雕成了一座既高大又完美的佛像。

·吴道子与《钟馗捉鬼图》·

　　吴道子是中国古代画坛上的"画圣"，他生活的时间，大约是685至758年，正值大唐最鼎盛时期。他是河南阳翟（今禹州）人，自幼贫苦，只能跟着绘塑工匠学画，后来当过县尉一类的小吏。直到弃官入长安，才因画出名，到宫中作画，成为宫廷画师。他的画富于立体感，所画人物连身上的衣饰也飘飘如飞，人称"吴带当风"。对后代的绘画技术，有很大影响。

　　有一夜，唐玄宗做了一个梦。梦中来到阴森黑暗的地狱，看到一个高大无比的凶神恶煞正在惩处一个小鬼。那个大鬼发出一声怒吼，伸出左手，就把那个小鬼一把抓住，小鬼不敢动弹，吱吱直叫。大鬼伸出右手的食指，插进小鬼的眼睛，只一剜就剜出了他的眼珠，咕嘟咕嘟嚼碎，吞进了肚子。

　　唐玄宗起初吓得心惊肉跳，后来发觉那大鬼对自己并无恶意，便上前问他究竟是谁。那大鬼说，自己生前是个武举人，叫做钟馗。虽然武艺高强，但是在考武状元时，考官嫌他面目丑陋，把他的名字从进士名单上画去了。他觉得世道实在太黑暗，只重相貌不重才，一气之下，一头撞死，来到阴间。阎罗王见他一生正直，便让他在地府当上了除妖使者，一切妖孽，都可以由他剿除。刚才他杀死的一个小鬼，便是地狱里最凶恶的坏蛋。说完之后，他向唐玄宗作了一揖，便飘然而去了。

　　一觉醒来，那大鬼的形象、大鬼的声音依然留在唐玄宗的眼前耳际，挥之不去。他觉得钟馗的形象虽然丑陋，心地却耿直，把他做一个驱邪除恶的神倒也不错，可以作为宫廷的守护神祇。唐玄宗便找来吴道子，把梦中的情景告诉他，要他画出一幅钟馗捉鬼的画像来，贴在宫中偏僻阴暗处，镇压那些恶鬼。

吴道子领命之后，发挥自己的想象力，创作出了一幅《钟馗捉鬼图》。画中的钟馗身穿蓝衫，表明他身无高官厚禄。他眯起一眼，光着小腿，露出脱毛兽皮般的肢体，他腰间插着一块笏板，裹着头巾，蓬乱的头发从头巾中露出。垂到鬓角。他左手捉住一个小鬼，右手的食指微屈，正要插进小鬼的眼睛。整个画面笔力遒劲，形态生动逼真，刻画出一位死后壮志犹存、一心消灭天下妖邪的英雄形象。这幅画传出宫去，立刻得到天下百姓的欢迎，把钟馗作为心目中的救星。唐玄宗也十分赞赏吴道子的画，称他画的钟馗比起自己梦中所见更加威武，不愧为画圣得意的巨作。

可笑的是，五代时期后蜀皇帝孟昶，自己对画一知半解，却要对吴道子的《钟馗捉鬼图》横加指责，说人的手数大拇指最有力量，钟馗既然要剜出恶鬼的眼珠，应该用大拇指才是，不会用食指，还下令让当时最有名的画家黄荃把吴道子的画改一下。

皇上的金口一开，黄荃只得听命。他对着吴道子的真迹，苦思冥想了好几天，一边看，一边苦笑，只觉得自己实在难以下笔改画，心底反而升起对画圣的无比敬意。吴道子的画太好了，自己绝对不能够去画上添枝加叶，亵渎画圣的作品。

黄荃终于下了决心，宁可抗旨，也不去改画，还要劝谏孟昶，不要再派人去动吴道子的《钟馗捉鬼图》，以免犯下不可纠正的过错，做出遗恨千古的蠢事。

黄荃对孟昶说："陛下，不是微臣有意抗旨，扫陛下的兴致，吴画圣的《钟馗捉鬼图》实在难照陛下的意思改动。吴道子画的钟馗，从面色、眼神、全身态势，都凝聚在右手食指之上，如要改动，一定要把全身都改过来，那就不是画圣原作了。俗话说，牵一发而动全身，何况是一指之牵呢？望陛下三思。"听了黄荃的话，孟昶也只好作罢，从此再也不提这事了。

·韩幹以马为师·

韩幹是唐代著名的画家之一，大约生活在712年至780年之间。他生在长安（一说河南开封）一个穷苦人的家庭里。

韩幹小时候就喜欢画马，没有纸和笔，只能用树枝在泥地上学着画。他善于观察，画的马十分像。村里人都说，这孩子是块料，不让他学下去，实在可惜。可是，他家太穷，买不起纸笔，只能让他去酒店干活。

有一天，店主人让他去送酒，告诉他，一定要讨了酒钱再回店。主人家进屋去取钱，不知为了什么，好久没有出来，他在屋外等得无聊，随手取了根树枝，在泥地上画起马来。不一会儿，地上就出现了一匹生气勃勃的奔马。屋主人在一旁观察了一刻，见他画的马十分神似，便问他有几岁了。韩幹回答说13岁，屋主人十分惊奇，说："你这画是跟谁学的？"当得知韩幹全是无师自通之后，越发惊讶了，对韩幹说："你去学画吧。我给你介绍个师傅，每年给你两万钱，学成后，就全靠你自己了。"

这位屋主人就是唐代大诗人王维，王维也是一位画家，他爱惜人才，替韩幹介绍了一位画马大师曹霸当师傅。从此以后，韩幹从笔法、神韵等最基础方面入手，正正规规学起画来。韩幹是个穷孩子，知道这机会来之不易，学得十分勤奋，没过几年，便成了继曹霸之后又一位画马的大师。

当时，正值唐朝最鼎盛的开元、天宝年间，唐玄宗非常喜欢马，他的御马厩中，号称有40万匹骏马。上有所好，下必甚焉，在各行各业中，跟马有关系的行当便发达起来。就连画家里边，也出现了一个鞍马派，他们专事画马，王公贵胄投皇上所好，常常寻觅画得好的骏马图，挂在家里或进呈御览，所以鞍马派异军突起，成了各画派中的佼佼者。

韩幹正碰上这段好日子，所以当他出名之后，便被皇帝召到宫中，作专画骏马的朝廷供奉。这一下，韩幹进入了一个创作的新天地，他不仅有更多的画可供借鉴，有更多的画师进行切磋，还有那么多骏马供他参照，他的画技，得到了大幅度的提高。

但是，那时候的画坛，十分重视画的师承关系。许多画家，跟随一个师傅，对师傅的画技，总不敢越雷池一步。有一次，唐玄宗找来韩幹，指着他画的马问他："进宫的时候，寡人让你跟陈闳学画马，你的画为什么跟他大相径庭呢？难道他的画不值得你效仿？"这位皇帝，画看得多了，也能摸着点儿门道呢。

韩幹拱手回答："陛下，陈闳师傅的画确实好。可天下的马成千上万，画上的马也应该千变万化，画师最好的师傅应该是马，照着真马画，才能画出好马来。"唐玄宗听了他的话，觉得他说出了前人没有说出的道理，再看看他的画，觉得他的确把真马的神态画得惟妙惟肖，便不再去干预他画什么了。

从此以后，韩幹常常到唐玄宗的御马厩中去，一呆就是大半天，看着马儿吃草，看着马在草地上打滚、撒欢，甚至用手去马身上丈量着，然后当场把自己观察和丈量到的结果画下来，准备今后画马时作参考。

日日夜夜的观察，长期的钻研，让韩幹对马的习性了如指掌，他画出来的骏马神态各异，每匹都雄健神骏，在画纸上栩栩如生，连马首马尾，躯体四肢的结构，也十分精确，的确达到了前人无法比拟的高度。

·歌舞天子李隆基·

唐玄宗李隆基原是藩王之子，后来通过两次宫廷政变上了台，当上了皇帝。开始时，他治国还十分认真，开元、天宝年间，曾是盛唐繁荣的象征。他也是位音乐家、舞蹈家，曾经编过好多舞蹈，其中以《霓裳羽衣舞》最为著名。

李隆基生在王侯之家，不像在皇宫当太子那么受拘束，因此自小便可以享尽荣华，玩自己喜欢的任何游戏，像马球、斗蟋蟀、斗鸡、音乐、舞蹈，他样样都有一手。等到天下太平，社会繁荣，他便开始纵情地玩乐起来。

这位玩乐天子特别喜爱舞蹈。开始的时候，他只是改编以前的舞蹈，比如把李世民的《秦王破阵乐》舞搬进宫内，让宫女演练。鼓也改成了一种小巧的羯鼓，那是起源于北方羯地的小形双面鼓，李隆基本人就是位击鼓高手，他曾经创作过5类92支羯鼓曲。

李隆基还给以前的舞蹈添上一点儿变化，产生了十分奇特的效果。在排练武则天时代的舞蹈《圣寿乐》时，他在舞衣正中绣上艳丽的团花，在外面罩上一件短衫，当舞跳到第二段时，所有舞女都背向观众，把短衫解去，当她们突然转回身来时，观众眼前突然团花锦簇，显现出五彩缤纷的绣袄，所有的人都会发出大声赞叹。除此以外，他还编过身穿画衣头戴鸟形冠表演的舞蹈《光圣乐》和手托莲花表演的《龙池乐》舞蹈。

跟李隆基的名字紧密联系在一起的，还有历史上有名的舞蹈《霓裳羽衣舞》。传说中，它是李隆基做梦时升入月宫，从霓裳仙子那儿偷来的曲子，再由他根据仙子的容貌动作编的舞蹈。当然这是通常提高作品身价的一种说法。

其实，这个舞蹈，乐曲的本来名字叫做《婆罗门》曲，是从古印度传入中土的。李隆基或许对曲子作了润饰和改造。只因为它包含着与唐朝一般曲子不同的特色，才会被人编出月宫偷此仙曲的故事。

据说，《霓裳羽衣舞》有独舞或双人舞形式，也有数百名宫女参加的大型舞。跳舞的人扮作仙姬模样，穿着云彩般绚丽的裙子，绣着孔雀羽毛图案的上衣（即"羽衣"），给众人一种从天而降、飘飘欲仙的感觉。

开始的时候，音乐奏的是缓慢的散板，主舞的人并不动弹，等到音乐导入有节奏的旋律，舞者才按着节拍跳起来。音乐由缓慢转急，舞女的节奏也呈现各种变化。有时，她斜拖着裙子，迈起凌波碎步；有时，她伸开双臂，像风卷雪花般，飞快地作胡旋舞；有时，她突然飞身回头，像惊龙翻腾；有时，她张臂跳跃，恰似要凌空欲仙……

最后，音乐的节拍渐渐慢下来，仙姬也渐舞渐慢，最后停在开始起舞之处，象征仙子回到了人间。伴舞的人也众星捧月般围到了领舞者身边蹲下，音乐也戛然而止，全场顿时爆发出喝彩声。

《霓裳羽衣舞》充满诗情画意，形象华美绚丽，结构也十分新颖，吸收了许多西域的音乐和舞蹈素材，给人耳目一新的感觉，可以说是唐代的艺术珍品。

这个舞蹈得到不少诗人的歌咏，后来流传到宫外，学习的人很多，到830年唐文宗时候，长安教坊中学习过这个舞蹈的人就多至300人。直到如今，这个舞蹈还在现代化的舞台上演出呢。

·杜甫又见《剑器舞》·

　　唐代是个尚武的时代，不仅男子如此，妇女也一样。唐代初年，唐太宗李世民就把打仗布阵编成一个舞蹈，叫《秦王破阵乐》舞，不仅流传全国，还名闻域外。到唐玄宗时候，他又把本来由男子演出的舞蹈，改编成由宫女演出的宫廷舞，宫女们穿上军服，也列队冲锋陷阵起来。

　　上有所爱，下有所好。宫廷里男的女的都尚武，民间的女子当然也不肯寂寞，涌现出一批不爱红装爱武装的女子来。其中，有一位叫做公孙大娘的，就特别擅长表演《剑器舞》，她舞起剑来，可真是巾帼不让须眉。看过的人，没有不连声称好的。

　　据说，当时著名的草书名家、苏州人张旭就说过自己学草书时从几个方面提高艺术水平的经验。他说，看到挑担的人争道，听到鼓吹曲，便学得了笔法的精粹；观摩了公孙大娘的《剑器舞》，便领会了草书的精髓；看来公孙大娘的技艺之高超，已经到了出神入化的程度。

　　但是，公孙大娘只是个民间艺人，她的《剑器舞》也是民间的创作。表演这个舞需要极高的武术功底，所以，在宫廷任职的歌舞艺人，都不能表演这个舞蹈。而且，那些王侯高官，对这种土生土长的技艺，也都不屑一顾，公孙大娘的《剑器舞》也只能在街头表演，通过收授弟子，代代相传。

　　717年，公孙大娘带着弟子们来到河南郾城表演，整个郾城都惊动了。演出的地方，人头攒动，树上、墙上都站满了人，全城像过节一样热闹。挤在人群里层的，有一位稚气未脱的孩子，他就是日后杰出的诗人、有"诗圣"之称的杜甫。

一会儿，公孙大娘上场表演了。她身着戎装，手持青铜剑，英气飒爽，上场才一亮相，便得了个满堂彩。公孙大娘举剑而舞，有时候长剑直指苍天，好像后羿在射落9个太阳；有时候满场游走，好像是群神驾着飞龙拉的车飞翔在长天；她挥动长剑，剑气满场，银光闪烁时，伴奏的鼓声咚咚直响，有如雷霆从天而降；当她忽然收剑，摆出优美造型之时，那鼓声又突然中止。全场在屏声凝息之中，又突然爆发出雷鸣般的喝彩，处处表现出力量与美的结合，表现出尚武的精神。难怪有人作诗说："楼下公孙昔擅场，空教女子爱军装。"公孙大娘的影响真是不小呢。

公孙大娘的《剑器舞》在杜甫心中留下了深刻的印象。后来，"安史之乱"爆发了，杜甫辗转江湖，最后来到四川。那时候，中原地区战乱纷纷，一些靠出卖技艺的民间艺人，也都来到比较平静安定的四川混口饭吃。杜甫又在四川夔州看到了《剑器舞》表演。

舞剑的人，显然比当初的公孙大娘年纪大一点儿，头发都有些花白了。可是，她一旦长剑在手，依然动若游龙，静若处子，跟当年的公孙大娘一模一样。杜甫知道，这套《剑器舞》能够演到这样的水平，表演者一定跟公孙大娘有极深的渊源。剑舞之后，杜甫便找来舞剑人，向她打听公孙大娘的下落。

舞剑人知道自己遇上了故人，便毫不隐瞒报出了家门。她是李十二娘，公孙大娘的传人，离杜甫年幼时看到公孙大娘《剑器舞》，时光已经走过了50年，别说师傅早已故去，现在自己也到了艺术生命的暮年。听了李十二娘的叙述，杜甫不禁感慨国运衰败，人生流离颠沛，他立即提笔，为李十二娘写下一首诗——《观公孙大娘弟子舞剑器行》，抒发自己心中的无限感慨。

·勤奋的草书大师怀素·

唐代书法家中，最著名的草书家当数张旭和怀素。张旭在朝为长史，怀素却出家当了和尚。怀素生活在武则天时期至开元年间，一生留下许多书法珍品。他的书法号称狂草，最有名的有《自叙帖》、《食鱼帖》等。

怀素从小就喜欢练习书法，一天到晚，不肯停笔。他把写过的纸一叠叠摞起来，堆得老高老高。有时候，写得正高兴，再伸手去取纸，那纸却没有了。他只得恨恨地到堆得高高的纸边，去读自己写过的字，看到不如意的地方，就认真思考，该怎样写，这字才能写得更好。

后来，怀素字已写得很好了，对事物的理解更深入，觉得全靠在纸上练字，确实是自己这个穷读书人承受不起的，要想办法找一种代用品，才能不断地练字，不至中断自己的练习，让自己的书法艺术有所提高。

他四处寻找纸的代用品，发现芭蕉叶长得又宽又大，表面又平整，可以代替纸练习。开始只是到处去摘芭蕉叶，后来，他在自己住处周围种上成千上万株芭蕉，芭蕉叶要多少就摘多少，解决了他练字缺纸的困难。

芭蕉林长起来了，怀素那间寒酸的住宅完全掩没在翠绿的芭蕉林中，浓密的芭蕉树遮天盖地，给怀素居住的地方带来了优美的环境，这一片碧绿的天地让怀素心旷神怡，他就给自己的住处起了一个美丽的名字叫"绿天庵"，就在这个庵里怀素练成了草书体。

要练好字，除了费纸，还要费笔。怀素天天割芭蕉，天天不停地练字，写秃的笔越来越多，他把写秃的笔堆在一起。日长天久，小小的毛笔，堆得高高的。怀素实在舍不得扔掉这些用坏了的笔，就挖了个土坑，把这些秃笔放进坑里，用土掩埋起来，堆了一个坟冢，在坟前立了一块碑，碑上写了两个字，叫做"笔冢"。

经过艰苦的练习，怀素的书法技艺越来越高超了。但是，他对自己的要求也更高了，总觉得每天练习的时间还不够，用的芭蕉叶还太少。到后来，芭蕉长出叶子的速度，已经跟不上他需要的数量了。怀素又面临着芭蕉叶也不够用的困难。他需要再想办法，采用更好的方法来练习自己的书法。

有一次，他到店里买笔。发现店主人的案头，挂着一块小小的木板，商人们叫它水牌。凡是有赊账的人，主人就用毛笔在上边记下欠债人的姓名、日期和款项。那一天，正有一位顾客前来还账，店主便拿出湿布，轻轻地把那人欠的账擦去了。

好办法，要写便写，要擦便擦，写上去能保留，擦去了一点儿痕迹也没有，这不正是自己要寻找的练字工具吗？真是得来全不费工夫。

回到家里，怀素立即请木匠替自己刨好一大块木板，大大的，薄薄的，然后漆上白色的漆。每一天，他都在这块木板上练字，写满了，用湿布轻轻一擦，木板又变得干干净净了。假如只有一行或者一两个字不满意，他也能够只擦去那部分，重新补写出来。

日复一日，笔写秃了不算，那木板上的漆掉了，他就再漆上，木板发毛了，再请木匠刨平。日子久了，那木板越来越薄。到后来连木板都写穿了。就这样，怀素终于练就了一手好书法，他的草书如龙飞蛇走，成为流传千古的艺术珍品。

·民间歌女张红红·

唐朝代宗年间（766—779年），长安城来了一位卖唱的歌女，名叫张红红。她跟父亲到处流浪，靠卖唱为生。张红红有一口好嗓子，到哪儿卖唱都受欢迎。她对音律很熟悉，记性又出奇地好，因此常常有新的曲子表演，父女俩生活还不至于太过困顿。但父女俩并不安心于四处流浪的生涯，便来到天下艺人们都向往的、也是最有发展前途的京都长安，想来碰一碰运气。

进京之前，就有人告诉父女俩，长安可不比寻常去处，找一个空场子或者茶肆，拉开嗓门唱一曲便可收钱。那儿宫内的艺人算是最顶尖的一批人，非经有地位的官僚贵胄推荐，进不了那班子；在街坊上边，还有一批教坊，专门培养各式艺人，条件好的女子在那儿拜师学艺，在众学徒中出类拔萃，才能在长安立足，优秀的常常被征进王府，一曲歌罢，缠头无数，比进宫差不了多少。

还有人告诉他们，假若不愿去教坊挨时日养资历，也有一条捷径。京城的高官里头数将军韦青最擅长音律，有真本领的到他那儿一展身手，只要韦将军点头，一定能够青云直上，飞黄腾达。不过要得韦将军首肯，实在是困难。

张红红是初生牛犊，偏不信邪，一进京城便去韦青将军府前摆下了场子。开始的时候，只有一些存心看笑话的年轻人站到跟前听她卖唱，后来，张红红的歌声引得行人纷纷驻足，围了好大一个场子，惊动了将军韦青。

韦将军悄悄混在人群里，听了一会儿，觉得这女子敢到鲁班庙前耍斧子，倒不是莽撞，爱才之心顿起，便把张红红父女召进府内，当自己歌舞班子的成员，韦青不时指点张红红一二，还教她读些诗歌，学点乐律。没过多久，张红红便成了韦将军府里歌姬队伍里边的红角儿。

一年之后，宫廷里一位乐工根据古曲《长命西河女》改编了一首《西河曲》，曲调颇有新意，想把它献给唐代宗。他带着人来到韦青的将军府，想让韦青鉴定一番，当然也想通过这位高手去皇帝面前推介推介。

韦青见有机会让张红红一展才华了，便把她找来，告诉她："你这一年来，勤奋练习，技艺日进，现在去屏风后边，将那《西河曲》默记下来，我让你唱，你便重唱一遍，你可一定要仔细听，用心记下来。"

那位乐工把自己的得意之作在韦将军面前演唱了一遍，正想得到韦将军的夸奖。不料韦青听后，哈哈大笑："你这曲子哪里是新的？我府上有位歌女早就会唱了。"说毕，朝屏风之后躲着的张红红拍了拍巴掌。

张红红早已在屏风后边用一把小豆在案上记下了整个曲子的旋律，听得将军命令，便款款唱来，真是声情并茂，高出那乐工许多。乐工听了，简直是五体投地，他恳求将军，一定要跟这位歌者见上一面，向她讨教乐律和有关《西河曲》的演唱技巧。

张红红从容步出屏风，跟同行互相致礼，并且对乐工说："您有一个音用得不妥，我唱的时候已经给更正了，没有事先征得同意，实在冒昧，还望见谅。"乐工听了，更为叹服，连声说："改得好，改得好。"

后来，乐工把《西河曲》呈给唐代宗，同时禀报了自己在韦将军府的所见所闻，盛赞张红红德艺双全。唐代宗听了，便召张红红去宫内管歌舞的宜春院任职，从此张红红当了一名女官。

·"三绝"会东都·

唐代开元年间，人才辈出。名画家吴道子且不必说，书法家里有草书名家张旭，将军中间，有一位叫斐旻的，他的剑舞，堪称天下一绝。他们三个，在一次偶然的机遇中，相会在东都洛阳，造就了剑舞、壁画、书法三绝相聚的佳话。

那一年，吴道子跟随唐玄宗来到东都洛阳，在那里遇上了书法大师张旭。"吴带当风"，吴道子画风的潇洒飘逸早已名闻天下，当然也让张旭神往；张旭号称草圣，醉后狂草，连头发也蘸满墨汁写字的故事，当然也让吴道子钦佩不已。两人相遇，当然是兴高采烈，相互切磋。

有一天，突然有人来访。到吴道子居处拜访的是将军斐旻。这位将军可也是一位响当当的人物，他的剑舞，曾与张旭的草书、李白的诗称天下三绝。这次他来吴道子这里，是要相求吴道子，去天宫寺中画几幅鬼神壁画，纪念亡母忌日。

斐旻表明来意，立即让人捧出酬金。吴道子望着他那丰厚的酬金，笑着摇头说："将军，如此厚谢，我怎能承当。将军要我作画，我当然求之不得。只是将军剑舞天下一绝，我尚未有福一观，隔日如将军能去寺院为我舞剑，就当将军的酬谢，也可以让我兴致勃发，作起画来，也一定酣畅淋漓，将军意下如何？"

一旁的张旭听说有此幸会，立即提出自己的要求。他说，当初得见公孙大娘剑舞，使自己从中得到教益，书法大进。今天有这个机会，如果能够有幸欣赏斐旻将军的剑舞，自己得益一定匪浅，他也愿意在壁画上题字助兴。斐旻求一得二，当然高兴，三人当场约定了时日，一同到寺内舞剑、作画、题字。

约定的日子终于到了，裴旻是这事的主人，他一早就来到天宫寺，安排好了一切，等候吴道子和张旭的到来。他十分细心，知道他们好酒，特意准备了足够的酒馔。

两人到来，互致问候。酒过三巡，裴旻便让人取出祖传的青龙宝剑，说声献丑，当场舞将起来。只见裴旻抖擞精神，在几个起手的剑式过后，剑光立即闪烁起来，一团寒气罩定裴旻全身，裴旻舞到慢处，静若处子，舞到快时，动若脱兔。满场游走，像翻腾的飞龙，跳跃腾挪，像出山的猛虎。一段剑舞，表现了裴旻非凡的剑术，又精彩别致。吴道子一边赞叹，一边在胸中构思壁画，待裴旻神情若定地结束了自己的剑舞，吴道子的画像已成竹在胸，他来不及称赞，立刻拿起了画笔。

只一个时辰，吴道子的鬼神图已经画成了，他在墨色的画面上，稍稍加上几笔色彩，整个画面更加突出，更加精彩。鬼神图上，还有一群善男信女，虽然作为陪衬，也个个栩栩如生，当头一位老妇人，宛然与裴旻将军面容相似，让裴旻将军涕零不已。

在裴旻将军舞剑、吴道子作画之时，张旭一直在旁边饮酒、喝彩。等他们都已完事，张旭的酒也喝得有些醉意了。他不等二人催促，立即去吴道子留给他的空白之处洋洋洒洒写下了一首记叙今日盛会的诗句。那狂草如龙飞蛇行，一气呵成，巧妙地补全了壁上的空白，给全幅画面增添了无限生机。

狂草作毕，张旭挥舞手中毛笔，仿照刚才裴旻剑舞做了几个动作，这才把笔掷在地上，哈哈大笑说："人说，裴旻将军之剑舞，我手中的狂草，当与太白诗合称世上三绝。今日太白不在已久，当以吴兄之画替之，也是世上三绝呀！"

·画牛得失看戴嵩·

戴嵩，是唐代中期的一名出色的画家，他以画牛出名。他曾经拜四朝宰相韩滉为师，学到了韩滉画《五牛图》的技巧，又根据自己对牛的观察，成为与韩滉齐名的画家。人们谈起唐代画家时，总会提到他们，称之为"韩马戴牛"。

戴嵩的作品，在北宋时期，还有相当一部分真迹流传，人们都把这些真迹当做传世的瑰宝，珍藏起来，一般不肯示人。这便使得戴嵩画的牛更加神秘，实在无利于对戴嵩画的牛的研究，还造成了一些神奇的故事。其实，戴嵩画的牛，有得也有失，绝对不应该搞得那么神秘才是。

戴嵩曾经画过一幅《斗牛图》，几头牛在画上捉对厮杀，确实画出了相斗时的"牛劲"。唐代之后，这幅画辗转流传，最后落到四川一位收藏家杜处士手里。这位北宋时期的画癖，特别看重戴嵩的《斗牛图》，他用玉作画轴，丝绸作袋，严密地锁在画柜里，从来不肯让其他人看到，惟恐别人知道后，变着法子来抢来偷。

那一年，春末夏初的一天，天气很好，又没有风，杜处士便带着戴嵩的《斗牛图》，到一个偏僻的去处，挂在一间房子前边晾晒一下。他自己坐在一旁，眼睛不敢眨一下，盯住画面，一边看守，一边欣赏，心里充满着幸福和满足。

一阵脚步声传来，杜处士大吃一惊，赶忙回过头去。还好，不过是一个年幼的牧童打扮的孩子。杜处士继续回过头去，瞧定那幅比自己性命还珍贵的《斗牛图》。脚步声停了下来，那牧童就站在杜处士身后不远处，瞧了一眼《斗牛图》，突然哈哈大笑起来。

　　杜处士愠怒万分，回头瞪了牧童一眼，呵斥道："你懂什么？小孩子家没规没矩！"那牧童笑了一会儿回答说："你那画，画错了！牛斗起来怎么会是这般模样？你瞧，那头牛的尾巴高高地撅着，怎么可能？两牛相斗，力气全使在一对角上，尾巴紧紧夹在两条后腿之中，你使劲拽也别想拽得出，怎会朝天撅着？嘻嘻！"这一说，说得杜处士一下子蒙住了，不知回答什么才是。心里直怀疑，难道戴嵩居然画错了？看来，即使是最出名的画家，也会出错呢。

　　后来，还有一件戴嵩的《牧牛图》在涟水现世。那时，著名的书法家米芾正在涟水当官，听到街上有人吆喝："卖画啦，前代名画谁要买，快买啊。"他听了，急忙跑去一看，果然不错，居然是戴嵩的《牧牛图》。他心里痒痒的，真想把这画占为己有。可是，那卖画的出价也太高了，米芾实在买不起，只得对那人说，借他的画欣赏3天，3天之后，一定原物奉还。

　　卖画的见米芾官大压死人，无法抗拒，便把画借给了米芾。回到家中，米芾把《牧牛图》挂在书房，越看越爱，实在不舍得放手，便提起笔，仔仔细细临摹了一幅。米芾是一等一的临摹高手，平时连行家里手也难辨真假，把画处理好之后，借画给他的人也正好来讨画，米芾就把假画给了他，再来鉴赏真品，心里要多高兴就有多高兴。

　　不料第二天，卖画的人却找上门来，对米芾说："请大人把真迹偿还小人，大人已经多鉴赏了一日，有了临摹品，也该知足了。"米芾知道抵赖不了，不敢再坚持，便把真迹捧出来，跟他交换，临了问他："你怎知这画是我临摹的？"那人笑笑说："大人看这画花了3天，小人却看了3年，戴嵩画牛，实在精妙，真迹的牛眼珠里，隐隐地可以看到一旁牧童的影子。大人只看了几天，临摹别处十分相像，还没有发现这个细处。"

　　一席话，说得米芾实在不好意思。不过他更佩服戴嵩画技的高超。

·以画救人的顾闳中·

顾闳中是五代南唐时的大画家，生于907年，死于960年，担任过南唐中主李璟、后主李煜这对词人父子帝皇的画院待诏。他擅长画人物故事，传世名作是《韩熙载夜宴图》，这幅画至今尚在，是中国绘画史不可多得的、闻名于世的珍品。

南唐时候，北方的力量大大强于南方，始终威胁着积重难返的南唐政权。到了李煜登上皇位，这位词人皇帝写词是一流的，治国却实在不行，最后被北宋赵氏政权灭亡。

但是，当时的南唐政权中，却有许多从北方流亡南下的异籍官员，李煜只怕这些人是北方政权的奸细，怕他们里应外合，发动对南唐的进攻，时时处处猜忌那些北方籍官员，只要发现一点点疑惑，便派人下毒，曾经毒死过好几个北方籍的官员。

终于，这种疑心又落到了大臣韩熙载头上。

韩熙载出身豪门，因北方战乱逃亡到南方。他对官场那套统治权术十分熟悉，文章又写得好，南唐中主李璟在位时，南北方矛盾稍稍缓和，韩熙载十分受宠信，出入宫廷，主持国政。

但是到了李煜时候，北方已统一属后周，对南唐形成强大的压力。李煜的疑心顿时便落到这位曾是宠臣的韩熙载身上。韩熙载见形势不利，便装疯卖傻，疏狂自放，以保全自己。李煜无法找到办他的借口，一个堂堂皇帝，怎么能跟一个癫狂的人计较呢？

李煜见韩熙载一下子变得这个模样，怎能放得下心来？便暗地里派两个画院的待诏到韩熙载家中察访，看看他在家里有些什么活动，然后把见到的一切都画下来，呈给自己看。这两位待诏就是画家顾闳中和周文矩。顾闳中长于画人物故事，这个重任，当然就落在他的身上。

这可是个不易当的差使。假如是个拍马奉承的家伙，猜度着皇上是想找韩熙载的茬，只要在画里随便多添上一点儿什么，那姓韩的一家就全完了；如果韩熙载真的一点儿疵病也没有，完全照实画个图上去，没顺着皇上的意思办，那不就得闹一个吃不了兜着走的结果？

顾闳中决不是那种顺着杆子往上爬的人，他和周文矩一同到了韩家，正碰上韩熙载在家夜宴宾客，就处处留心，凭着自己敏锐的洞察力和惊人的记忆力，把韩家整个夜宴的情况一一默记在心，回画院后立刻动笔，把见到的情况画了下来，这就是日后名闻中外的《韩熙载夜宴图》，画好后，立即呈送给皇上。

这幅长长的图卷分五个部分，每一部分都用屏风隔开，表现夜宴的一个场面。第一段是歌女弹琵琶，主人和客人都侧耳倾听；第二段是韩熙载亲自为舞女击鼓，宾客们都赞赏韩熙载的鼓技，有几个还想跃跃欲试，也跟着去击上一段；第三段是休息，主客都十分随便；第四段画主人在听吹管；第五段描写韩熙载与客人和歌女们谈笑的场面。

每一段里，都画着韩熙载，他头戴高高的纱帽，身材魁伟，长脸美髯，总露出沉郁寡欢的样子。这实在合情合理，假如说他变得兴高采烈，只会使人不信，画成沉着冷静，只能让人怀疑。他那个处境，谁也高兴不起来，否则就矫揉造作了。

李煜看了画，又找周文矩应证了一番，就放下心来。一个用犬马声色来填补自己内心空虚的人，绝对不会对他人构成太大的威胁。顾闳中实事求是画的一幅画，等于救了韩熙载全家人的性命。

·厉归真上山画虎·

　　10世纪中叶，是北宋初年，那时候，画坛上出了个画家叫厉归真。虽然他也能画山水花草，但是最喜欢的，还是画虎。因此演绎出一段有趣的画虎故事来。

　　在画坛上能画虎又爱画虎的人何止千百，虎毕竟是百兽之王，威猛，有力，啸声震撼山林。但是，像厉归真这样痴迷于虎，又似乎非虎不落笔的画家，也实在少见。只要见到画虎的作品，他总要用心临摹。如果那些画有一点儿败笔，他就在临摹的时候，稍稍地改变一下，把那些不足取的地方改过来。

　　他听人说，猫也是虎，只不过比虎小得多，但是在捕鼠的时候，跟虎也差不多。于是他常在夜间起来，躲在暗处，悄悄观察猫捉老鼠的各种姿态，以便从中受到启发，把自己的虎画得更出色。

　　正因为厉归真一往情深地画虎，他的名气开始大起来。但是，他毕竟没有见到过真的老虎，画出来的虎，总觉得虎气不足，最多也只能骗骗没见过虎的人。厉归真自己也明白这一点儿，心里总是不大满意。

　　有一天，厉归真听说邻近山村里，猎户们捉到了一只真的老虎。他赶快跑去，在关虎的铁笼子外边，足足看了一整天。那老虎在笼中蹀来蹀去，健美雄壮，让他得到了从未有过的感受。傍晚的时候，他沽了点儿酒，自斟自酌，喝得心情十分畅快，乘着酒兴，当场画了一幅老虎图。他左看右看，觉得这是自己有生以来画得最成功的一幅虎图了。

　　这时候，捉到这只虎的猎户回家来了，他看到了厉归真画的那只猛虎。山野里的人，说话直来直去，从不曾想到要婉转一点儿。一瞧之下，他立刻笑出声来，说道："先生画的虎，虎气不足，倒像是一只驯顺的猫儿，不像，不像！"一边说，还一边摇着脑袋。

厉归真真扫兴，可是再一想，人家说的也对，笼子里的老虎毕竟跟山林里头的不同，只有山中的老虎才真是百兽之王呢。不能看到老虎在山林里威风凛凛的样子，就不能算看到了真虎，又怎么能画出虎威来呢？于是，他左打听右打听，在什么地方、用什么办法既能看到山中之虎，又不会变成老虎的一顿美餐。他打算冒一冒险，去亲身经历一次跟老虎面对面的相识，然后画出真正的老虎来。

厉归真带了干粮，找到虎群出没之处，在树上搭了个窝棚，躲在里边，没日没夜地观察四周。可是，他只能远远地看老虎或伏在远处草丛，或在山石上晒太阳，只不过像一只大猫，慢条斯理地踱步。

他急着要看虎发威，便在自己躲藏的树下，系了一只山羊。到夜间，山羊的叫声果然引来了猛虎。只听一声地动山摇般的吼叫，一只斑斓猛虎直扑树下，山羊无法逃脱，那虎摇一摇铁尾，只一扑便咬住了山羊的脖子。

厉归真瞧得出神，不觉把脑袋和上半身露出了窝棚。猛虎突然闻到气息，朝树顶一瞧，发现了厉归真，放下山羊，在地上一伏，又是一声大吼，直朝窝棚扑来。第一扑没扑着，吓得厉归真直朝树顶上爬。

这一爬，才救了他一命。老虎第二扑，虎爪抓着了窝棚，把窝棚撕得稀烂。只是因为抓不着树顶的厉归真，老虎才吼了几声，拉断绳索，拖着山羊回窝里去了。

山中之虎与笼中之虎绝不一样，捕食时发威的虎与安静的虎也相差得那么大。厉归真看到了这一切，回到家细细琢磨，提起笔画虎便得心应手，他画的虎真的是虎气十足了，受到人们的极大称赞。

·赵佶评画·

宋徽宗赵佶（1082—1135年）工于书画，真书称"瘦金体"，绘画长于花鸟。

下面是他评画的两则故事，说明他的评画是从生活真实出发的。

有一年秋天，大廷内宣和殿前种下的荔枝树开始结果，这荔枝树是皇上特地请了高手栽培的，这年树叶繁茂，果实累累，佳果渐渐转红，煞是可爱。

正好养在那里的一只孔雀三步一啄、边跳边舞地过来，看见荔枝长得好，身不由己地与它比起美来。

它张开了扇形大尾巴，团团转着，炫耀着自己的美。

赵佶正背着手在一边踱步，见了，忙不迭地对身后太监道："哇，好幅图画！快，快请画师们来，把它们画下来。"

太监一声遵旨，飞一般向画院跑去。

当时由于赵佶的爱好，宫里设了个画院，里面全是全国选拔来的高级画师。他们根据皇上的爱好，整日价等待皇上指令，随时画画。

众画师听得召唤，急忙赶来，不料那只孔雀却不懂皇上要干些什么，毫不识趣，见了一伙人赶来，马上没有了比美的心思，张开翅膀，展翅飞走了。

赵佶虽然身为皇帝，也奈何不了它，只好说："朕请各位来，原要请求大家各画一张孔雀开屏画，既然孔雀不识好歹，展翅走了，大家看到的就是它的起飞姿势，各位就画孔雀起飞画吧。"

众画师原就了解皇上的脾气，每次要他们来，总是写生什么，见到孔雀展翅走了，当然注意它的动作，心想这倒不是难事。

纸、笔在宫里是现成的，太监们七手八脚取出画桌来，一一排列在大厅里。

两个时辰过去，画师们纷纷交卷。

按当时的规矩，画师们专门画下孔雀飞起时的一瞬间，由皇上亲自评判优劣，最好的将有重赏。

赵佶让太监将这些画一一张挂在壁上，然后自己专心致志地凝神观赏。

一应画师，齐刷刷站在殿门口，诚惶诚恐地等待皇上说出结果来。

好一会儿，太监传出旨来，说各位可以回画院休息去了。

这可是从来没有过的事，通常皇上总要评出一个好坏，坏的当然要遭数落，好的却有很重的奖赏。今天未说好坏，是怎么啦？

后来还是近臣传出来消息，说皇上对这次画画很是不满，这么多的画师没有一个画对的：孔雀飞起时的一瞬间，一般先举左足，但是在场画师，个个画成了右足了。

又一次，赵佶亲自带了一个小太监，去画院观看画师们近日所画作品。

画师们因为知道赵佶本人爱好花鸟，所以画的多是花鸟，以迎合他的意思，好让龙颜大悦。

不料，他一路看下去，既不说好，也不说坏，一幅，两幅，三幅……一直看到最后，已经走到壶中殿前面的柱廊拱眼下，却对最后一幅画特感兴趣。

众人远远望去，知道这是由刚进院不久的一位少年画师所画，画的是一幅月季花。

赵佶看了好一阵儿，这才问道："这幅画是哪位所作？"

为首画师见皇上问起，只好实说："是刚来的那位后生画的。还请皇上法眼一观，多有示下。"

赵佶笑眯眯道："来人，特赐这位少年大师白银100两！"

太监一声答应，当场兑了现。

画院负责画师上前道："皇上每次品评，都于臣辈大有好处，听后甚有长进，还请皇上明评。"

赵佶道："朕若不说，谅各位一定不服。其实花卉之中，月季最是难画。所以自古以来，少有人敢落笔。这花号称月季，是月月都要开的。只是这花古怪，一年四季，各季三个月，每月早早晚晚，它的花瓣、花蕊、花叶的形态、颜色，各个不同。要画好月季，没有一点儿功底是绝对不敢轻易下手的。这位少年知难而进，敢于入手，并且画得娇美异常。这花正是春季中午的花，红中见紫，与真花一般无二，实为难得。朕很欣赏他的胆识、技巧，故而重重赏他，不知各位服也不服？"

众人这才知道皇上果然对画具有极深的造诣。在历史上，这位皇帝，也无愧于名画家这一称号了。

·王冕学画·

　　王冕是元代末年著名的画家，他约于1287年生于浙江诸暨一个农家，1359年去世。小时，王冕以放牛为生，常去村上私塾隔窗学书，后来在放牛时一边读书，一边欣赏湖中荷花，便开始自行学画，终于形成自己独特的风格。他画成的荷花不加线条，称"没骨花卉"，有一点儿像西方印象画派的风格。王冕画牛、画墨梅，并成为元末最出名、对后世影响很大的画家。

　　自从王冕学会画没骨花卉，拿到集市上去出售，他的名声便大增，远远近近，都知道诸暨有个年轻人，能画荷花。花的姿态、颜色、精神，没有哪一样不像真的一样，只多着一张纸，简直就像长在湖水里边。王冕的画，幅幅都被争购一空，他家的生活，也有了好转，不像以前那样窘迫了。

　　王冕开始想，自古以来，画画的人，虽说总有一技之长，但总不是只会画一样呀。只画一样，自己技艺无法长进，画多了人家也不会再买你的，不是自己断了后路吗？一定要想法多画一点儿东西，不断提高自己的画技才行。

　　画什么呢？画荷花，是因为自己天天看，捉摸出荷花在不同情况下的特点与差别，什么东西自己也能一样熟悉呢？他想到了自七八岁时就朝夕不离的牛。牛如何吃草、反刍、休息打斗，一幅幅场景如画图般出现在自己的眼前，于是他拿起笔来，只略略练习一下，便能把牛的神态，画得活灵活现了。

　　有一天，王冕来到集市上，画店的老板见着他，立刻把他请去，要他当场画一幅画，既可以扬扬名声，也能替画店添点儿光彩。王冕兴致正高，便答应了老板的请求，在店铺门外，搭上画桌，铺下宣纸，拿来染料画笔，开始当场作起画来。

王冕拿起笔来，只刷刷几笔，就勾勒出一头牛的身影来，衬上青青的草，澹澹的水，若有若无的远山，河边的垂柳，一幅牧牛图很快就画成功了。围观的人都啧啧称奇，觉得王冕的画技之高，画的速度之快，真是天下一绝了。

人群中有个年轻人却唉声叹气地说："这真奇了，先生一刻时间未到，画一头牛像头牛，可是我画了整整三天，画的几头牛，屁股像猪，脑袋像羊，四条腿倒像是马。看来这画画也是三辈子修来的功德。"

王冕听了，笑笑说："兄弟，你看我画牛只消一刻时，你可知道，我跟牛打了十几年的交道，那牛的模样，在我心中，不知画过几千几万次了。没有那几千几万头心中的牛，哪来画上的这一头呢？"

后来，王冕爱上了梅花。觉得梅花长在严寒之中，骨骼清奇，芬芳四溢，实在是高尚品德的体现，他决定用水和墨，画出梅花高尚的品格。他已经成了名，条件也大有改善，便在住室四周种了上千株梅花，自己也号称"梅花屋主"。每到寒梅怒放，他便徜徉在梅海之中，尽情观赏，细心琢磨。终于，他画出了别具风骨的"墨梅"。他不着他色，仅用水墨，便能把梅花的俏丽、坚贞表现得恰到好处，连梅枝也画得顿挫相宜，做到一气呵成，毫不呆滞。他的"墨梅"成为明代一派画家的楷模，许多工于墨梅的画家，都继承和发展了他的画技。

从荷花到画牛，从画牛到墨梅，王冕学画作画，都师法自然，心中有荷，心中有牛，心中有梅，才能有画中的没骨荷花，如生的牛，以及高雅之梅。这正是他能成为一代宗师的最根本的原因。

·戴进祸福皆因画·

戴进是明代著名的画家，钱塘人，生活在1388年至1462年之间。他擅长画人物、鬼神、花果。其中最出色的，是画人物，无论长幼、胖瘦、俊丑，他只要寥寥几笔，便能把人物面部勾画出来，达到形神兼备，任何人的形象都与其他人不同，别人一眼就能分辨出来，绝对不会搞错。

有一次，他到南京去办事。南京是明王朝的陪都，凡是北京有的衙门，那里都有同样的机构。虽然没有实权，却跟北京的派头一样，因此南京城的市面也跟北京一般，十分繁华、热闹，每天进城出城的人，街市上来来往往的人，都如潮如流。

戴进到了南京，立即请了几个挑夫，把船上的行李挑了，送到自己寄住的宅子里去。谁知刚一进城，一队车马奔来，把他的装有画稿和书籍的担子冲散了。担子上是多年来他视为珍宝的东西，怎么能丢失呢？

问同来的挑夫，几个人都说不认识挑担子的人。其中一个说，那人说话口音是高邮一带的。城中的高邮帮都在城北燕子矶一带做生意。要找到此人，一定要到燕子矶去打听，同乡人中间会比较熟悉。

戴进听了，立即挥笔作画，把那个人的头像画了下来，跑到燕子矶打听。高邮帮的人一瞧那画，立即说："噢！这是潘长禄，他正在各处找先生呢。"戴进立即跟着那些人到了潘家，找回了自己的书画。可见，戴进的画技高超，确实能够帮他解决许多问题呢。

戴进的画技越来越长进，名气也越来越大，终于在宣德年间，由人推荐进了宫廷画院。这可是每个画家梦寐以求的，在那里不仅可以有安定的生活，还可以结识社会贤达、书画名流，不断提高自己的画技和名声，戴进当然十分高兴。

到了画院，已将近年底了。按照宋代流传下来的规矩，到这时，每位画师都要精心创作一幅画拿去陈列，称作年比，就像文人要考秀才、举人、进士一般。画陈列出来后，京城的官宦们都要来观瞻，遇上中意的便定购回家。谁的画年年能被人定购回家，他的名气就一年年大起来。跟宋代不同的，只是不定画题，任画师自己选题。

这一年，又跟往年不同，所有画师都要到仁智殿当场作画，那意思当然为了防止有人请人代笔，那比试的意思比往日就要强得多了。画师当然个个小心翼翼，尽力把画作得出色一点儿，免得成了滥竽充数的南郭处士。

那一天，戴进充分体现出他才思敏捷的本领，第一个交了卷。他画的是《秋江独钓图》。画面上，秋日的江边，草黄了，芦花白了，江流澄碧，在这一派秋色之中，一位身穿红袍的人，正在江边垂钓。真是秋色连天，独现一点儿红色，整个画面因为有了这一抢眼的色彩，显得丰富生动起来。

明宣宗也来观画了。他站在戴进的画前，左看右看，似乎被那一点儿红色吸引住了，觉得这画打破陈规，用色奇异，确实有独到之处。这时，一旁走来位身穿红袍的官员，他名叫谢环，他在宣宗耳边低低说："这个戴进实在太放肆了。"宣宗回头瞧定他，谢环指定画中的钓者说："红衣乃是大明官吏的礼服，戴进居然让钓鱼人穿上红衣，不仅有意轻视朝廷礼法，而且还有讽喻朝廷之意，岂不放肆？"

宣宗听了，勃然大怒，立即下令将戴进逐出画院，流放到岭南去。戴进因画身罹大祸，满腔悲愤无处可申诉，终于抑郁成疾，病死他乡。

·说书大家柳敬亭·

柳敬亭原姓曹，1587年生于泰州（一说通州，今江苏南通）。年轻时，他没有固定职业，为人脾气又暴躁，因犯法逃离家乡，改名换姓，到盱眙集市上靠说书谋生。后来到南京得到莫后光的指导，成为著名的说书大家。

南明王朝时期，他出入左良玉幕府，着实风光了一阵。南明灭亡后重操旧业，大约在1670年因病去世。

一场急风暴雨般的改朝换代终于过去了。南京不像扬州，南明政权土崩瓦解得太快，城中遭受的破坏并不像扬州那么严重。不久，秦淮河畔的商店，说书勾栏，渐渐地恢复了生机。不过，统治者换了清人，人们的衣冠也只得改变，比起以前的改朝换代来，百姓们心头缺乏新意，倒沉积下种种悲哀。

柳敬亭在南明大将左良玉幕府里呆过，左良玉死后，他只得抛下一切，只身逃难，至今已一贫如洗。可日子总得过，他便想起要重操旧业，天灾饿不死手艺人，他的说书技艺，早已名闻大江南北，靠着它，总能挣一个温饱。他不像那些读书人，亡国之后不当和尚便做道士，他依旧是那个说书人柳敬亭。

柳敬亭的复出，对南京城来说，倒是件大好事。人们又可以领略一下他那高超的说书技艺，回味一下当年秦淮河畔的风光了。更出乎人们预想的，是柳敬亭此次重新登台，说的书更让人倾倒。有了前一阵的生活经历，柳敬亭说书艺术更趋成熟。四方风俗，人情世故，在他说的书里更加淋漓尽致。特别是他有时还讲一些南明掌故，军中朝中大事，更勾起人们心头层层波澜。于是，柳敬亭比起以前来，更加受人欢迎，名声变得更加响起来。

有一次，南京城里几个有头有脸的大富人家，联名请柳敬亭到一处说书。这种事，柳敬亭过去经历得多了，不以为奇，便一口答应下来。主人家点的段子，是《水浒》里的景阳冈武松打虎，那是柳敬亭最拿手的段子之一。

那一天，说书的花厅里已经人头拥挤，大家都企盼着再一次在这种场合聆听柳敬亭说书。大家都知道，柳敬亭是催不得的，便一边低声细语，一边耐心地等候着。

柳敬亭终于出来了，他高挑身材，黝黑的脸上，有几颗浅浅的麻子。站在书桌前，他用那双细细的丹凤眼扫视了一下花厅，凡是他瞧到之处，人们无一不闭上了嘴，这也是他的规矩，要他开口，别的人就该闭嘴。只有坐在中间几位清廷的八旗子弟，还在叽叽咕咕说着什么。

柳敬亭皱了皱眉，咳嗽一声，"啪"地响了一下惊堂木，全厅顿时鸦雀无声。柳敬亭也霎时变了一个人，变作了武松，变作了店小二，变作了猛虎。说到武松走进酒店，见无人招呼，便大喊一声，震得排在四壁的空酒瓮都嗡嗡作响；说到猛虎挟着狂风，扑将出来，满室果真响起阵阵风声；说到武松抡起拳头，捶向猛虎，听的人似乎真的听到那猛虎挨揍的乒乓声。全花厅的人，无不凝神屏息，神游于古代打虎英雄所经历之处。

等到武松打死了斑斓猛虎，累得全身乏力，坐在了大石头上的时候，大厅里的听众这才舒过一口气来，想继续听他描绘猎户出面，武松被抬着去阳谷县认兄的情节。

坐在人群中间的那几位满族新贵这时却忍不住了，他们七嘴八舌议论起来。"哎呀，武松这蛮子真生了得，拳头也打得死山神爷。""那有什么！咱高祖爷爷一年里打死过八只猛虎，比蛮子神气多了。"他们这番旁若无人的议论，吓得主人脸色都变了，急忙上前劝阻。他们知道，要是再跟满族人争下去，今天非砸锅不可。

果真，柳敬亭立即铁板了脸，把惊堂木啪的一声丢在桌上，回过身子便走了出去。

·铁画大师汤天池·

　　汤天池是铁画的开山鼻祖，他原来是个铁匠，生活在明末清初，是安徽芜湖人。由手艺高强的铁匠转而学画，终能以铁锻画，无论山水、花草、人物，都能极尽其妙。现在北京人民大会堂所挂"迎客松"铁画，就是他的传人、安徽铁画家储炎庆按着名画家王石岑的画制作的佳品。

　　明末清初，芜湖有条萧家巷，巷子里住着一位著名的画家萧云从。萧家门前，开了家画铺，里边挂满了萧云从的各种画卷，有人物，有山水，有中堂，有条幅。最多的便是当时最盛行的兰花、梅、竹。那是当时文人寄寓情思，表示不忘故国的装饰物。

　　萧云从也常常去画铺看看，了解一下顾客的喜好。每一次，他总是看到一位皮肤黝黑、身体健壮的汉子，站在画前，凝神细看。从他的打扮，可以看出并不是文人墨客，连木匠也不像。他心生好奇，上前跟他攀谈起来。那人原来是同一条巷子里铁匠铺子里的锻铁高手，名叫汤天池。

　　几次交谈之后，萧云从跟他混熟了。有一天便问他："你是铁匠师傅，常常来看我的画，难道画画跟锻铁有什么关系不成？"汤天池笑笑说："萧先生，不瞒您说，我倒是想拜您为师，跟您学画呢？""你行吗？"萧云从感到惊讶，他的目光落在了汤天池那双大手上。那手黑黑的且不说，由于长年使用铁锤铁钳，关节个个粗壮，手心满是老茧，手背上还落下好几处烫伤的疤痕，完全不像画家的手。

　　可是，汤天池坚持认为他能行。萧云从被他执拗的劲头打动了，便随手画了一幅水墨兰草小品，递给汤天池，让他回去照着画上一张试试看。汤天池十分高兴地取了画，回去临摹去了。

过了几天，汤天池兴冲冲地来找萧云从，他交还了萧云从的画稿，然后把自己这几天不知练了多少遍才画成的临摹品也递过去。哪怕萧云从不吭声，只点点头，微微一笑，也会让汤天池从心底感到安慰。

可是，萧云从只打开看了一眼，便扑哧一声笑了起来："汤师傅，你不愧是个打铁高手，就连画的兰草，一笔笔都像铁打成一般，兰草的叶子这么硬，直条条的，实在变成铁打的兰草了。看来，打铁才是你的拿手好戏。"

汤天池的脸颊红了一红，谢过萧云从，拿着自己的"铁兰花"回到家中。他冷静下来，思索着萧云从的话。自己这双手，捏惯了榔头，要拿起轻飘飘的画笔，去表现轻飘飘的兰草，实在比捏铁锤打铁还要难。他想，既然萧先生说我的画像铁兰草，我何不真的拿铁打出一株兰草来呢？真是说者无心，听者有意，一句玩笑，倒成了启发汤天池的妙语箴言，于是他决定拿榔头试一试画笔干的活。果然，他的手拿起榔头，比画笔容易使唤多了，没几天，便打好一幅真正的铁兰草。

萧云从见到汤天池的铁兰草，大为惊奇，对汤天池说："你以铁锻画，发前人之未想，很好，今后就用铁打画吧。"他还告诉汤天池，要多观察真的花草，才能够把花草的真正意蕴，融进铁画之中，并当场画了梅、兰、竹、菊四幅条幅，让汤天池回去照着锻打。

汤天池是个聪明细心的人，很有灵气，经萧云从这么一点拨，对照花和叶的深浅浓淡，分几层进行锻打，然后一层一层地把它们焊接起来，终于锻出富有立体感的梅、兰、竹、菊。一种新的画种，在一位民间锻铁艺人的手中诞生了。

汤天池在萧云从的启发、帮助之下，业精于勤，技巧日进，能锻铁作山水、人物、虫鸟、花卉，作屏风，作堂幅，终于独树一帜，开创了铁画一派。

·任伯年画虎·

任伯年是清代吴中有名的画家，江南地方当时文化昌明，许多人家都以有任伯年的画为荣。可是，任伯年为人豪放不羁，又不好巴结权贵，不大肯替人作画，以致生活清贫。当囊中空空的时候，为了维持生计，他有时也不得不卖些画谋生。他画人物、山水、花鸟都十分出色，最擅长的是画虎。

一日，任伯年正打算出外访友，突然从街东泼剌剌跑来一匹快马，一个30多岁的胖汉从马上跳下来，一头闯进任伯年家，嚷嚷道："任先生，小的求画来了，请先生画一幅中堂，钱，一定当场交割。"

这种人，仗着口袋里多了一点儿钱，便要附庸风雅，给自己添一点儿光彩。任伯年历来不肯替他们作画的，何况今日早有安排，岂肯被这种人扫了兴致？任伯年一肚子恼火，打算把那人赶走了事。

话还没搭上一句，门口突然传来孩子的哭声。任伯年顾不上搭理这人，径直出门去看出了什么事。原来那人把马拴在门前树上，过路的一个孩子走得近了，被马尾巴扫了一下，吓得坐在地上，大哭起来。

马的主人看了，只当与己无关，冷冷地等着任伯年进屋谈生意。任伯年从来没有伺候过孩子，也觉得一点儿办法没有，心里只怪那匹马吓了孩子，不觉回头瞪了那人一眼，那人一扭脖子，咕哝了一句："那畜生又不懂什么，怪我不得。"倒是一旁的一个樵夫，放下担子，哄着孩子，再掏了一文钱，替孩子买了块糖。那孩子才停下哭声，吃着糖走了。

任伯年灵机一动，立即上前，拉着樵夫进屋歇息，又磨起墨来，替他画了一幅《猛虎声震万壑图》，送给他作为刚才一事的答谢，一来一去，倒消磨了好多时间。

樵夫正在客气，一旁的求画人却不耐烦起来："好啦，任先生是看得起你。快走快走，我还有事跟任先生商量呢，磨磨蹭蹭干吗？"倒弄得那樵夫不好意思起来。

任伯年听了，回过头说："你有什么事，但说无妨。"那人指着桌上的画，说："我也想请先生画一幅猛虎，钱不会少给。"任伯年笑笑："这样一幅画，要出20两。"那意思还是不肯替他作画，只要他心痛银两，这件事便只得告吹。

不料那人也来了气，当场要起了赖皮，说画一只虎20两，他只要画半只虎，付10两银子。任伯年也不跟他斗气，立即答应下来，不过要先付钱，后画虎。那人立即掏出10两银子，放在桌上，看来他今天斗气要斗到底了。

任伯年把10两纹银塞在樵夫手里，一定要他收了。把他送出门，任伯年这才回到桌边，铺上宣纸，磨浓墨，缓缓提起笔来，替那个已经气得一佛升天、二佛出世的买画客画起"半只虎"来。

任伯年先在纸上画出一派山冈，山冈上枯树古藤缠绕，然后在中心勾出一个虎穴来。画好这些，才开始画虎。那"半只虎"，半个身子已钻进山洞，后半截露在外边，虎尾巴像钢鞭一般撅着，直指天空，两条后腿，一条着地，一条腾空，显然是老虎进洞，只剩下好大一个虎屁股。

这一下，那财大气粗的买客傻了眼，半只虎确实传神，但是却无法挂出来呀，谁家迎来送往的大客厅里，正中会挂一幅撅屁股的老虎呢？虽然说"神龙见首不见尾"，也不能变成"老虎见臀不见首"呀。万一来客一皱眉头，问起这老虎屁股有什么典故，不是丢人现眼吗？

可恨的是刚才话已说满了，钱也付了，再懊悔也是白搭。那人只得努着嘴，哭丧着脸，卷起那幅老虎屁股图，翻身上马，出气似的猛抽坐骑一鞭，走了。

·指画大师高其佩·

　　高其佩是辽宁铁岭人，生活在1672至1734年间，他出身在官宦之家，当了大半辈子的官吏。但是，官场并不是他的得意之处，他的种种政绩，要么无可记述，要么不曾记载。只有他的指画，却足以使他名垂千古。他的名字也只在指画领域流传至今。

　　传说中以指作画的，早在唐代已经开始了，它只是中国传统绘画里的旁支。有一位叫做唐玳的人，当时已经开始用指作画，不过他是指和笔混合使用，一些精细的笔触，还需要用笔来进行，在当时，这已经被认为是一种绝技了。

　　高其佩却不同。他从8岁便开始学习画画了。学了10多年之后，觉得自己画技虽然有所长进，但要自成一家，却难之又难。当时人们的所见有限，又无法跟从更多的高人学习，一般的人也只能陈陈相因，只要能够学到神似于某一大家，就算不错了。

　　高其佩却不肯永远停留在依葫芦画瓢的水平上，在苦恼了很久之后，有一天午后，他画得累极了，不知不觉伏在桌上睡着了。梦中他来到一间土屋子里，看到四周墙上挂着许多毕生未见的佳作，便兴奋地想把这些画临摹下来。

　　可是他环顾四周，土室空空，只在屋中的桌上，放着一盂水。情急之下，他只能用手指蘸着盂中的水，在桌子上临摹那些墙上佳作的绘画技巧。什么地方笔该圆该尖，什么地方用笔该实该虚，当他正练得高兴、得意之时，人却从梦中惊醒过来。

　　醒来后，高其佩又惊又喜，他伸开五指，看了又看，随后起身，急忙用手蘸着洗笔钵盂里的水回忆着梦中所见所练，复习起来。谁知那水画到纸上，却留下淡淡的墨痕，居然也像一幅用笔画的图一样，还颇有点意思呢。他记起前人唐珝指笔交加、另成一派的故事，便想，前人用指也用笔，毕竟没有完全摆脱作画的窠臼，要另立门户，便应该全不用笔，只用指作画才对。

从此以后，高其佩着魔似的练起指画来。他磨好一大盂墨汁，把手指蘸上，到纸上画、钩、抹，大处用指面抹上墨汁，细处用指甲勾勒。没有多久，技巧便渐渐纯熟起来，再练用指写字，整个一幅画，全都用指完成，把那些大大小小的画笔，都弃置不用了。

到后来，高其佩用指作画熟练了，更觉得用指比用笔更加得心应手，无论花鸟走兽、山水人物，心中如何构思，纸上便出现想象中的图形。画人物，形态生动，各具个性；画山水，随意点染，云烟飞动；画花鸟，花能解语，鸟亦含情。而且简淡古朴，千变万化，耐人寻味。

高其佩指画成了名，大家都喜欢看他当堂作画，看他如何用指甲的尖利、指头的钝秃、指纹的肌理构成用笔也不一定能够达到的艺术境界，佩服他独树一帜、崛起画林的奇思异想。

自从高其佩创立指画一派之后，好多人开始效仿。光是他的子侄辈，就有高敬、朱伦瀚、李世倬。后来，连"扬州八怪"中的李鱓、黄慎，都开始学习指画，而且各有成就。到近代，潘天寿、曾恕等人造诣更深，指画更是别具一格，成为艺坛的一朵奇葩。

·齐白石画蝌蚪·

　　齐白石是我国现代著名的美术大师，他1863年出生在湖南湘潭农家。曾当过木匠，27岁时方始学画。毕生以花鸟虫鱼为题，所绘之物跃然纸上，受到中国乃至世界人民的喜爱。晚年爱画鸽，以此表达自己热爱和平的愿望，曾获国际和平奖金，成为世界名人之一。他于1957年以93岁高龄逝世。

　　齐白石小时放过牛，身处优美的自然环境之中，留意花草虫鱼，一切有生命的东西都深深铭刻在他的脑海中。成名之后，他又常在案头备一盆虾，一盆金鱼，闲时便细心观察，深得其中妙趣。于是，他把观察所得，画在纸上，往往把那些小生命表现得生动万分，他也终于成为描绘这些小生命的大师。

　　齐白石的虾，总是人见人爱。那些通体透明、生机勃勃的虾，表现出大自然的无限生机。但同在水中、黑不溜秋的小蝌蚪，旁人都不在意，只有齐白石，常常拿它们作自己的画题，而且画得丝毫不比青虾逊色，可以称作白石老人的画中一绝。

　　1952年，老舍先生到齐白石家做客，两人谈得非常投机。临行时，老舍先生便出了一个画题，请齐白石作画，题目是"蛙声十里出山泉"。蛙声明明是耳朵听到的感觉，却偏偏要用笔画来，让眼睛瞧见，确实是个难题，还加上一个"山泉"，与蛙声更不相干，就更加显得扑朔迷离、神秘莫测了。

　　当然，这个难题最终是难不倒白石大师的。3天之后，一幅4尺多长的水墨立轴送到了老舍先生家。展开画轴，老舍先生立刻拍案叫绝。画上居然一只青蛙都没有，表现声传十里主题的，是山涧激流里的小蝌蚪。飞泻的激流之中，游动着几只形象生动、极富生命力的蝌蚪，远处则抹了几笔云雾缭绕的远山。于是，远山十里，山泉飞流，蝌蚪出山，形成水乳交融、十分和谐的意境，把画题表达得十分传神。谁看了都会叹服大师艺术构思的精妙。

命题作画，似乎还不能让白石大师满足，于是他再以蝌蚪为中心，画出了极富新意的杰作《荷花影》，再一次表现了大师深厚的功力，以及他巧夺天工的创意。《荷花影》成为大师的一幅代表作品。

《荷花影》画面上，一枝红艳的荷花，挺立在水面，它的影，倒映在水面，而几只蝌蚪正围绕在荷花的影子中游动。炽红的花，黑色的蝌蚪和透明的湖水，形成三色构成的优美画图，完整地组成了一幅生动而有情趣的大自然的情境，让人心神向往。

为了使赏画的人把眼神集中在那几只蝌蚪上，无论荷花或倒影，背景中水的涟漪，都构成了上下呼应的空白的大直三角形的立体结构，而在空白的中间，则是全幅的中心，一群蝌蚪正活跃在那里。四周的静和图中心的动相结合，自然而然形成了尽善尽美的大自然的图画。

为了表达人们的审美观点，《荷花影》中的水中花影，并不像大自然中的那样，它不成倒影，荷花的秆、影子也不在水平面上。这两种似乎有悖自然景象的笔触，却是滞留了人们对实物荷花与秆的印象，正像西方美术家毕加索的构图方法一样，既不合理又十分符合人们的感受，难怪毕加索晚年也用起中国毛笔，画起水墨画来呢。

齐白石画蝌蚪，画出了生趣，画出了创新，画出了诗情和哲理。

·王少堂怒说《水浒》·

王少堂是我国现代说书名家，他1887年生于扬州市宜陵的一个评话艺人世家。父亲王玉堂、伯父王金章都是说书艺人。王家以说《水浒》著称。王少堂7岁从父学艺，又向说《三国》名家康国华学习，向刘春山学口技，跟朱德春学短打，终于发展了王家技艺，综合了各家长处，把《水浒》说活了。新中国成立后，他说的《武松》等书被整理成书，他也成为扬州说书的一代宗师。1968年因病逝世。

王少堂成名之后，来听说书的人多了，因为《水浒》这部书不说则罢，一说常常要一两个月，所以那些着了迷的老听客天天都到书场听王少堂的书。过了几日，连王少堂也跟他们相识了。这些人，当然是王少堂的铁杆观众，也是他的知音。

那一天，王少堂又来到书场，边走边跟老听客们打着招呼。那时候，书场也是茶馆，一张张方桌边，坐定听客，人人面前泡着一壶茶，整个书场杂而不乱，来的人都安安静静等候王少堂开始说书。

王少堂一拍惊堂木，准备说书了，全场顿时一片寂静。听众们随着王少堂一口扬州官话，时而惊，时而喜。的确，《水浒》的故事，由王少堂娓娓道来，与捧着书本自己看，那是截然不同的。书中的情节，到王少堂嘴中，更细腻，更生动，更入情入理。听起来，更是有声有色。

可惜，这种上下融合、全堂一致的良好气氛没多久就被破坏了。这时，书场门口，突然闯进一个人来，他头戴黑色礼帽，身披黑大氅，里边还套着黑色中山服。进门之后，便大大咧咧跟左左右右熟识的人打招呼，还不时发出得意而刺耳的笑声。

整个书场和谐的气氛全被这么一个人破坏了，常来听书的人不禁皱起了眉头，但是，他们最多也只能怒目而视，因为大家明白，这身打扮的人，大多是国民党的党棍，而且与特务机关有瓜葛，实在是碰不得的。

跑堂的趁端茶的机会，笑容满面走上前去，低头鞠了一个躬之后，向台上努了努嘴，那意思当然是请这位老爷声音低一些，上面正在说着书呢。谁知他这一示意，却触怒了黑衣人，他反而提高了嗓门，大声呵斥起来，连扬州地方最粗俗的野话也出了口。要不是跑堂的机灵，一个耳光是逃不了的。

书场里，立刻传出一阵嗡嗡声，显然是对那黑衣人的不满。那人反倒来了劲儿，又扯着嗓子喊，说这么多人都在开口，怎么光来找我麻烦，这是什么居心？他这种蛮横不讲理的态度，惹得许多人直摇头。

这时候，王少堂实在忍无可忍了。当时的书场没有扩音设备，全靠说书人的嗓子。今天被那人一搅，无论如何提高嗓门，别人也无法听清说的什么了。王少堂猛地一拍惊堂木，喝了声："今日到此结束，明日请早！"便退入了里间，留下满场的议论。

当天，王少堂在回家路上就被人"绑架"。绑他的人，不是什么山大王，正是那个满身黑的江都县党部的头头。王少堂当众拒说，坍了他的面子，他实在咽不下这口气，一定要给王少堂点儿厉害尝尝。

王少堂被关进江都县大狱之后，立即传出一条消息，说王少堂是"吸毒犯"。可是，任凭怎么查，也查不到证据，就连血液检查也无法证明王少堂吸毒。而且王少堂在牢里过得好好的，从来不犯瘾，怎能说他"吸毒"呢？

江都县把王少堂关了8个月，终于因为"事出有因，查无实据"，而且还留个尾巴，说王少堂"有毒无瘾"，匆匆把他释放了出来。王少堂出狱后，继续说他的《水浒》。不过，这以后说的书，便平添了一股怒气和杀气，听他的书，人们愈加感到过瘾了。

·阿炳的"惟——次"·

瞎子阿炳，原名华彦钧，1893年出生在无锡一个道士的家庭，是现代著名的民间艺人。他早年由道教音乐启蒙，后流落民间，双眼失明之后以卖艺为生，走街串巷，拉二胡，弹琵琶，说新闻，是一个爱憎分明、有骨气的街头艺人。作品中以《二泉映月》最为著名，人称"中国的命运曲"。1950年因病逝世。

1950年，中央民族音乐研究所的杨荫浏教授到全国各地搜集民间音乐。他来到无锡，要替阿炳录音。这是阿炳有生以来第一次。阿炳拉的二胡曲，不仅在无锡，在整个音乐界，都是有名的。新中国成立前，也曾有人建议他到上海去录音。但是，上海的录音机构是美国人办的，录一次音，要缴20美元。这对一个穷艺人来说，无异是个天文数字，阿炳只能作罢。现在终于有了机会，国家的音乐机构亲自为阿炳录音来了。

阿炳说，他已经1年多没拉二胡了，他那把二胡，1年多前被老鼠咬断了弓弦。杨荫浏他们就替他买了把新的。阿炳像以前一样，把二胡挂在颈上，走街串巷拉了3天，练得纯熟了一些，终于走进了录音室。

一曲《二泉映月》奏完，杨荫浏先生问阿炳，这支曲子叫什么名字。阿炳回答："曲子是没有名字的，我随手拉拉，久而久之，便成了这般模样。"因为无锡有个二泉，阿炳经常到那儿拉琴，杨先生便说，曲子就叫《二泉映月》吧。阿炳同意，曲子的名字就这样定了下来。

杨荫浏先生问阿炳，要不要听听自己拉的曲子？阿炳连忙点头，脸上露出了渴望的神情。当时是钢丝录音，录音的钢丝倒好之后，操作人员按下了放音的按钮，录音室里立即传出阿炳那苍凉、忧愤的琴声，在场的人又一次被强烈感染着。

那是一首反复变奏的主旋律曲，像一位饱经沧桑的老人，在街头一边彳亍而行，一边拉着琴，诉说着生平。他屡经磨难，心中悲愤一层层推向高潮，但决不向苦难低头，到乐曲结束，他依然在与命运抗争，无数的坎坷正在等候着他，他仍旧向着光明奋进。

乐曲放完了，阿炳激动地说："这是我的声音！"他双手抱住录音机，久久不愿放手。多少年来，他第一次聆听到自己演奏的二胡曲，叫他怎能不心潮难平！这以后又录了《寒春风曲》和《听松》两首二胡曲，还录了一首琵琶曲，直到把录音钢丝用完，这一次录音才结束。

分别的时候，杨荫浏跟阿炳约定，第二年他们还要来无锡，再替阿炳录其他曲子，阿炳也表示，自己对乐器已经生疏，今天奏得并不满意，练习一程后，会好一点儿，他还有好多曲子可以录音。没想到，这一别之后，阿炳便一病不起，仅有的录音竟然成为这位民间艺人的绝唱。

不过，阿炳在这一年里，还有一次也是第一次、仅有的一次际遇。无锡市在下半年举行过一次文娱演出，邀请阿炳上台独奏二胡。阿炳这辈子从未登台演出过，他总是一边走，一边拉琴，大街小巷就是他的舞台，屋子里的居民、街上的行人就是他的听众。这一次，也只有这一次，阿炳是由人搀着走上舞台，坐在椅子上，定心拉他的《二泉映月》。

一曲奏完，满剧院的听众爆发出雷鸣般的掌声，阿炳的脸上，露出极少有的激动的表情和难得的笑容。他不得不再加奏一首，来满足听众的要求。

惟一一次的录音和演出，给中国的音乐史留下了遗憾，否则，我们会听到阿炳更多更优秀的乐曲。但这也是中国音乐史的侥幸，如果没有惟一一次，我们将无法听到阿炳的曲子，世界人民也会失去"中国命运曲"——这首一定要"跪着聆听"的优秀作品。

·梅兰芳改戏·

梅兰芳是我国现代的戏剧大师，原籍江苏泰州，1894年出生于北京梨园世家，自小勤奋学戏，克服了种种困难，成为中国京剧界"四大名旦"之首。《霸王别姬》、《贵妃醉酒》等名段，既继承了京剧的优秀传统，又有创新。他的演出，名闻中外。在他的努力下，梅派艺术成为中国京剧舞台的一个主要流派。他于1961年因病去世。

梅兰芳学戏的时代，中国的京戏基本上还是靠师傅手口相传，师傅带徒弟式的培养方法，很难有开拓创新。花一辈子的工夫，要学得师傅真传，已属不易。难得有几个资质好、用功勤奋的人，才能够有所发展，闯出自己的新路子来。梅兰芳就是这样极为难得的戏剧天才。

《霸王别姬》可算是梅兰芳的拿手好戏、著名段子。他演的是虞姬。在这个戏里，虞姬有一段配了曲牌《夜深沉》的剑舞，这本来就已把虞姬从一个配角提升到了与项羽差不多的主角地位了。但是，由于旧戏的套路，虞姬的形象始终还是属于"力拔山兮气盖世"的主角项羽的从属地位。梅兰芳在表演上作了大胆改动，使虞姬的形象有了较大的变化，显得生动起来。

梅兰芳是在研究剧情发展的基础上改进的。原来，当项羽征战一天，回到大帐时，对虞姬说了声："妃子，你要警醒了！"便倒头睡去，帐外，更夫在巡逻，虞姬也跟着睡了。梅兰芳觉得无法表达虞姬对战事和项羽的关心，便改睡为坐，坐在帐中，替项羽守夜。这一改，改出了虞姬性格刚强的一面。

等到项羽听到乌骓马嘶鸣声，令人牵上马来，一边抚摸马背，一边唱："乌骓马你竟知大势去矣，故而你在帐前叹息长嘶。"然后挥手叫马夫："牵了下去。"后来改为项羽悲愤难语，是虞姬在旁挥手示意，让马夫牵走乌骓马。这一方面体现项羽不忍与马分手的悲凉心态，也表现出虞姬的善解人意，惟恐项羽过分悲伤的心理。

1951年，梅兰芳到天津重演《白蛇传》中《断桥》一折时，经过长期演出实践，以及对文艺理论的学习，他又对原来戏中不合理的地方作了删节，对人物的性格刻画作了进一步的探讨，收到了良好的效果。

在原来的戏里，小青从金山寺回到杭州，依旧背着双股剑，一副杀气腾腾的模样。梅兰芳认为这会破坏整个戏表现的爱恨交织的气氛，便把那两柄剑去掉了。原来许仙是由法海从镇江送回杭州的，戏里边还有一个过场，梅兰芳认为这其实是一个累赘，便去掉了这一过场戏。这一改，改掉了反面人物出场过多的弊病，又使情节保持了连贯。

这一改，整个《断桥》的情节，便集中到白娘娘爱恨纠葛之中。当小青看到他们一对欢喜冤家，仍是恩爱情深时，她感到十分生气。梅兰芳特意安排小青在下场处又腰背对观众。戏快结束之时，许仙面对白娘娘，又怕又愧地往后退去，不想撞上了小青；小青怒目回身，满场追打许仙；白娘娘插到两人中间，右手挡住小青，左手拉住许仙，一同退入后台。这些舞蹈动作的改动，更好地刻画了人物的性格，在天津演出，获得了很大成功。

一个出色的艺术家，就应该像梅兰芳先生那样，既保留原有的艺术精粹，又在新的高度对原有的表演艺术作新的探索和尝试，这样做，艺术才会保持它永不枯萎的生命力。

·洪深革新中国戏剧·

　　洪深，1894年生，江苏常州人。1955年去世。他是中国现代著名的戏剧家。他在接触了西方戏剧之后，回国参加中国戏剧的改革，并且创作出具有中国内容、中国特色的新戏剧，对中国地方戏剧的改革也发挥了重要作用，推动和促进了中国戏剧事业的发展。

　　1916年，洪深清华大学毕业后，赴美留学。开始学的是陶器，后转攻戏剧。1922年，洪深从美国回到了上海。他有志于中国戏剧的改革，但是因为人地生疏，无法施展自己的才能，用戏剧去教育大众，只能到南洋兄弟烟草公司，当了一名职员，算是在这块"冒险者的乐园"里站住了脚。

　　洪深当然不甘寂寞。这年冬天，他就希望把世界上优秀的戏剧介绍给中国观众。但是这件事看来容易，做起来却十分困难。因为当时中国的舞台上，只许男的当演员，所有的女角，都由男的扮演。外国的话剧传进中国，也只能由男的扮女角，叫做文明戏，演的戏当然只能是情节最简单的剧本。

　　洪深却想演一点正经的戏剧。他相中了奥尼尔的《琼斯王》，改写成《赵阎王》。为了适应中国舞台，他只能把所有的女角删去。所以剧本除第一场和第九场外，变成了赵阎王一个人演的独角戏。戏剧运用独白的形式，刻画士兵在战乱中被折磨得精神错乱的心理状态。

　　尽管洪深亲自担任主角赵阎王，还请了演文明戏出了名的演员出任另外的角色。但是，削足适履式的翻译，中国观众对独白这种形式的陌生，使得《赵阎王》变成了笑料。有的小报竟然断定，洪深本人恐怕也有点神经兮兮，否则怎会演出这样的剧作？

挫折和失败并没有让洪深灰心丧气，反而使他更认清了中国戏剧必须改革的道理。如果因循守旧，只许男角登台，不仅不能演外国优秀的剧目，更不能演出反映现实生活的戏，所谓用戏剧教育民众，便成了一句空话。要推广戏剧，必须先把阻碍戏剧发展的框框打破。

第二年夏天，洪深便参加了上海的"戏剧协社"，导演欧阳予倩作的剧本《泼妇》和胡适写的《终身大事》。他故意保留以男角反串妇女的《泼妇》，同时精心导演男女合演的《终身大事》，并且决定把《终身大事》安排在第一场演出。

演出开始了。《终身大事》先演，男女同台演出，演得自然合理，有声有色。看惯了男角反串的观众，都觉得耳目一新，得到了真正的艺术享受，也从中自然而然得到了教育。洪深的改革得到了群众的认可。

接着，《泼妇》开始演出了。欧阳予倩的剧本并不比《终身大事》逊色，但是，台上反串的女主角捏紧着嗓门尖叫，走起路来，扭扭摆摆，极度夸张，引得观众恶心不已，剧场里爆发出一阵又一阵的哄笑。两个戏剧在同台演出，《泼妇》立即相形见绌。从这次"斗法"开始，中国舞台上男扮女装的时代终于结束，许多优秀的外国名剧终于能够堂皇入室。中国剧作者反映现实的戏，也得以更好地演绎。

男女同台演出之后，洪深对中国戏剧又进行了改革。中国的戏剧，对舞台环境是不重视的，一根鞭子就是匹马，一个动作便是开门关门，这种做法对话剧就不适应了。他在排演话剧《少奶奶的扇子》时，首次使用了硬片布景，台上安上布景式的真窗真门，灯光也按剧中的情景或强或弱。这就使话剧达到了当时演出的最高水平。中国的话剧走上了正轨，洪深初步奠定了中国话剧表演艺术在理论和实践方面的基础。

·徐悲鸿画五百壮士·

徐悲鸿是我国现代学贯中西的杰出画家，他1895年出生于江苏宜兴，父亲是个自学成才的农民画家。因此，徐悲鸿自小耳濡目染，对绘画发生了浓厚的兴趣。从20世纪20年代开始，徐悲鸿开始在上海崭露头角，又去法国巴黎学习油画。徐悲鸿的画，以国画马最出名，也代表那个时代中国油画的最高水平。他在任中央美术学院院长期间于1953年去世。

徐悲鸿是因画马出名的。他曾经用很多时间和精力去研究过马。他画的马速写稿，就有1000多幅，对马的骨骼、肌肉、经络等生理特点，都有精到的研究。这得力于他对西方油画理论的研究和实践。

徐悲鸿还到各地去研究不同的马，掌握各品种马的特点。有一次他到印度游览，在大吉岭和克什米尔地区，看到许多罕见的马，那些马个头高大、腿长、胸宽，马的皮毛像缎子一般闪亮，让他十分着迷。他经常骑着这种马出游，了解这种马的神态和姿势。回国后，他在许多写生画的基础上，采用泼墨或者工笔画兼写意的手法，着意刻画出马的神态和气质，塑造出一匹匹生气勃发的马的形象来。

为了纪念自己在印度的那段难忘的经历，徐悲鸿特意创作了一幅奋跃前蹄、引项长嘶的奔马图，专门送给印度大诗人泰戈尔。泰戈尔十分欣赏这幅著名的奔马图，把它挂在自己住处。至今，这幅画仍旧挂在那里。

但是，徐悲鸿也绝不是只会画马的画家，他的油画，在20世纪20年代，从造型到色彩都代表了中国画家中的最高水平。他曾为当年中国驻法大使的母亲画过一幅人物像，因为大使曾在巴黎帮助过徐悲鸿，那幅人物画便是徐悲鸿油画水平的一个例证。

最能说明徐悲鸿油画水平的作品，当属大型油画《田横五百士》。这是他于20世纪30年代初，有感于国家危难，花了几年心血才完成的一幅思想、艺术均属上乘的力作。

20世纪30年代初，中国正面临日本帝国主义的侵略，全国上下抗日激情日益高涨，美术界也是如此。徐悲鸿鉴赏过法国巴黎的那幅全景式的油画，深知绘画艺术对人民的激励功能，便想创作一幅表达中国人民宁死不屈的精神的大型油画。

画什么呢？徐悲鸿采用了历史故事，他画的是秦末汉初齐国500壮士的故事。齐王后裔田横起兵反秦，后来中原逐鹿，楚汉相争，刘邦取得了胜利，田横只得逃到山东南岸海上的一个小岛上，与500壮士躲起来。刘邦得知消息，一定要他归降，最后，田横在洛阳自尽，他的500名壮士也一齐宁死不屈，自刎在"田横岛"上。

徐悲鸿画的是田横与500壮士告别的场景。画面上，满脸悲愤的田横，正与500壮士拱手相别。他气宇轩昂，英气勃发，面对死亡毫不畏惧。而背景中，壮士们个个悲壮激越，历史上一瞬间发生的情景被凝固在巨大画幅之中，艺术家再现了历史故事，也自然而然折射出对现实生活的批判，赞颂了古往今来中国人民威武不能屈的高风亮节。

20世纪的20～30年代，是中国油画的草创时期，虽然它的数量甚少，观众中能够理解它的也不多。但是，徐悲鸿的作品，却能够紧密结合时事，用主题油画的手法，把这种外来的艺术手法作为武器，表达出积极的意义。他的作品，自然而然成为那个时代的代表作。

·民族音乐改革家刘天华·

刘天华是中国五四时期最优秀的民族器乐作曲家，他1895年生于江苏江阴。幼年时因家境贫寒，中学未毕业即离开学校。他创作的10首二胡独奏曲及3首琵琶曲，使我国民族乐曲登上大雅之堂，对于我国现代音乐的发展，起到了积极的推进作用。

中国的民间乐器二胡，历来不登大雅之堂，被讥为"叫化子二胡"，只能作为一种附带的伴奏乐器。它音区偏低，音色低沉，采用的是比较粗的老弦和中弦。但是，刘天华认为，二胡制作简单，携带方便，在民间流传广泛，深受群众喜爱，经过改良，一定能提高表现力，成为唤醒民众的较为理想的民族乐器，便大胆对它进行了改革。

刘天华曾经跟燕京大学的外籍教师学习过小提琴，在创作二胡曲的时候，便把西洋乐器的指法弓法，借用到二胡的演奏中来。同时，他改变了二胡的弦，用中弦和子弦代替原来的老弦中弦，二胡的音色和音域便提高了五度，相当于小提琴的第二、第三根弦的音高。他增加了把位，使二胡的表演力有了极大提高。从此，二胡这种本来很一般的民间乐器，成为民族音乐的主奏乐器，被称为"中国的小提琴"。

刘天华还用自己的创作证明了二胡的表现能力。1915年，刘天华处于丧父、失业、又染上疾病的困境中，二胡陪伴他度过了这段艰难岁月。在这期间，他创作了二胡独奏曲《病中吟》。乐曲运用民族特色的曲调，表现出苦闷、彷徨的心情和面对艰难的烦躁心理，也表达了自己对理想的追求，以及理想无法实现却跌落苦难现实中的痛苦。全曲委婉多变，抒发的感情跌宕起伏，是二胡这种器乐善于表达的传统的格调。

但是，二胡绝不是只能表演一种风格的乐器。九·一八事变前夕，中华民族处于生死存亡的关头，强烈的民族自尊心促使刘天华去寻找一种新的演奏风格，他学习了外国音乐中的进行曲风格，创作了二胡独奏曲《光明行》，这一乐曲表达了中国人民不屈不挠的进取精神。全曲以鼓点般的节奏开始，表现人民踏着鼓点奋斗的高昂斗志，用一连串的转调演奏，表达人们对光明的向往和追求，结束部分用强烈的进军号式的曲调，刚劲豪迈地表达出对光明前景的坚强信念。这首乐曲音调开朗，节奏坚定有力，是民族乐曲中第一首开创出如此境界的优秀作品。

为了推进民族音乐的普及，刘天华除了热心音乐教育之外，还发起和组织了一个社会性音乐团体——"国乐改进社"。他自筹资金编辑出版了《音乐杂志》，在国乐改进社的成立大会上，他亲自创作和演奏了琵琶独奏曲《改进操》，表达自己改进国乐的决心和愿望。

对于北洋军阀斥责艺术学校"有伤风化"的谬论，刘天华在《音乐杂志》上撰文抨击，指出不论哪种音乐，只要能给人精神上的安慰，表现人们的艺术思想，都是可贵的，中国和中国人民需要这种音乐和乐器。

为了发掘民间的音乐素材，刘天华经常深入民间，用先进的记谱方法整理乐曲，虚心向民间艺人学习。他到河南学习古琴。1932年5月刘天华在北京民间艺人集中的天桥收集并整理锣鼓谱时，染上猩红热，6月不幸逝世，离开了他深爱的民族音乐。

·张大千书画知交·

张大千是中国现代著名的画家，1899年生于四川内江一个书画之家，自小受家庭熏陶，又从名师学艺，游遍名山大川，经过刻苦钻研，终成艺术大师。他曾远赴欧美各国，举行画展，推广中国绘画艺术，深受各国人民的欢迎。他的画，被各国博物馆收藏，成为中国现代绘画的代表作品。1983年，定居台北的张大千因病去世，享年84岁。

张大千有许多书画知交，其中不乏艺坛之外的名人。与他知交甚深的人中间，就有一位曾对中华民族作出过重大贡献的东北少帅张学良。

张学良虽然出身军政豪门，但对书画却情有独钟。两个人因书画相识，是在上世纪30年代初，当时张学良正驻军北平，张大千也在北平。有一天，张大千先生到琉璃厂探宝，一位古玩商人拿出一幅藏画给他鉴赏。张大千见那画构图新奇，色彩明丽，经过仔细研究，断定是清代画家华嵒的精品，便以300银元的价格定了下来，说好三天之后，一手交钱，一手交货。

三天后，大千先生带了筹集到的款项再次进了琉璃厂，那古玩商却苦着脸说，画已经被别人买走了。张大千勃然大怒，那人只得端出买主替自己辩护，买主便是驻军司令张学良。张大千明知商人贪财忘义，却对失去的画毫无办法，只得悻悻地离开了琉璃厂。

后来，张大千去游华山，又在西安见到了张学良。张学良对这位同门大哥礼敬有加，接他去张公馆住下，答应派飞机送大哥回北平参加余叔岩的告别演出。张大千临行时，画了一幅《华山山水图》作为留念。

一年之后，西安事变爆发，张学良身陷囹圄，两个人便在很长一段时间里无法见面。张大千回北平后寄给张学良一幅《黄山九龙瀑图》，张学良是被软禁之后才收到的。睹物思友，张学良在被囚禁地当然不胜伤感。

这一别，就是20多年，张大千从旅居地巴西回台湾探亲，才见着依然没有自由的张学良。老兄老弟相见，一时涕零难言。短短几个小时中，每谈及往事，两人都唏嘘不已，老泪不禁再次打湿衣襟。

要离开台北了，张学良忽然托人送给张大千一圆筒，说请老兄离台后再打开。在飞机上，张大千迫不及待，打开张学良所赠之物，发现那便是昔日在琉璃厂所见到的华嵒的画。筒中还有一便笺，写的是：30年前，弟强行购得此画，当时并不知是老兄所定，并非夺人之好。现在，此画陪伴我几多岁月，每见此画，便念及兄长，常自责不已。乘此机会，璧还兄长，明珠归旧主，宝刀佩壮士，还望恕罪。

这以后，这两位书画知交还有过几次交往。1964年，当张大千重返台湾时，台湾报纸刊登消息，居然把《张大千大师返台》印成《张大千大帅返台》。当张大千又去拜访张学良时，张学良一见面就打趣："大哥怎么也成了三军统帅啦。"张大千知道他指的是报上的错字，也说："我岂止是三军统帅？我统帅着四军，笔画纸砚，是新四军。"一言既出，两人立即想起叶挺，想起抗日战争，想起西安事变，相逢的欢娱顿时蒙上一层淡淡的惆怅。

后来张大千在美国举办画展，向各界征集自己的作品。他知道张学良爱画心切，又身处孤独，不忍心剥夺他消遣时日的些许欢乐，便没有向他发信。谁知消息发布后数日，张学良便寄来了张大千的旧作，打开一看，赫然便是张学良在囚禁岁月之初，收到的那幅名画《黄山九龙瀑图》。张大千百思交集，立即画了幅梅花，并题诗再赠张学良，诗中写道："攀枝嗅蕊许从容，欲写横斜恐未工。看到夜深明月蚀，和画和梦共朦胧。"这首诗，充分表达了张大千和张少帅之间的浓厚友情。

·程砚秋拒演·

中国京剧四大名旦之一的程砚秋先生，1904年出生于一个没落的贵族家庭，三岁时父亲去世，六岁时便被卖到荣蝶仙门下学艺。在那里，他学到了艺术，也受尽了凌辱，直到1917年，他才摆脱了奴隶般的生活。1921年，程砚秋独立建班，到各地演出，并进行新京剧的改革，逐渐创立了"程派"艺术。其中《荒山泪》、《锁麟囊》、《打渔杀家》、《文姬归汉》以及新编《窦娥冤》等都是他的代表剧目。1958年，他因劳累过度去世。

和梅兰芳一样，在日寇侵略期间，程先生坚持民族大义，表现了爱国主义精神。九·一八事件后，程砚秋曾经编演了历史剧《亡蜀鉴》，抒发自己忧国忧民的思想。日寇占领了华北，程先生就深居农村，不为敌人演出，愤然绝迹于舞台。

有一年，北京的日本特务机关突然打起搜刮百姓的主意来。他们找来梨园公益会，要他们组织京剧界举行义演，打出的旗号是"为大东亚共荣圈"的圣战筹集资金，捐献飞机，而且指名要程砚秋参加。

梨园公益会的人没办法，只得苦着脸去找程砚秋。程砚秋当即断然拒绝，他气愤地说："叫我给日本人义演，让他们买了飞机再去轰炸中国人？这种事我不干！我还没忘自己是炎黄子孙呢！"

"程老板，日本人可惹不得呀。"公益会派去的人心里害怕，他们劝道："程老板在戏曲界地位崇高，如果这样断然回绝，我们同仁受影响事小，恐怕对您更不利呀。程老板，还是三思而行吧。"

"我一人做事一人当！"程砚秋拍案而起，"义演的事，我程某人宁愿死在枪下，也决不从命。你们去转告日本人，不必找梨园同行的麻烦，有什么事，让他们直接来找我，说什么我也不会答应他们。"

当时，日本特务凶残无比，屠杀中国人，像割草一般容易，程砚秋这样大义凛然，丝毫不把自己的安危放在心上，而且勇于独自承担灾祸，梨园公益会的人听了，又佩服又替他担忧。但再劝程砚秋就是替日本人张目。于是便不再说什么，离开了程砚秋的隐居之处。

从表面看，日本的特务机关在当时确实是张牙舞爪，不可一世。但是，他们面对程砚秋坚定的态度，决不动摇的立场，反而显出纸老虎的本质。结果，不要说请不动程砚秋，就连要搞献机义演的事，因为程砚秋带头拒绝，其他人纷纷响应，也只好吹了。事后，人们都敬佩程砚秋，说他真有骨气。"民不惧死，奈何以死惧之？"只有坚决斗争，才能粉碎侵略者的阴谋诡计。

抗战胜利后，特别是新中国成立后，程砚秋先生焕发了艺术青春。他继续发扬创新精神，对程派艺术又作了新的改进。他曾经根据自己嗓音的特点，创造出了幽怨婉转、若断若续、高亢和低回互为表里的唱腔，身段动作刚柔并济，而且所演剧目大多以反动统治下下层妇女的抗争为主要题材。如他改编了元代剧作家关汉卿的名著《窦娥冤》，这个剧目让程派艺术达到了一个新的高度。

由于程砚秋的卓越贡献，他代表中国戏剧界参加了第一届世界拥护和平大会，担任了全国人大代表、戏曲研究院副院长、中国剧协常务理事之职，成为中国戏剧界的艺术大师和理论家。

·冼星海发愤谱写《黄河大合唱》·

　　冼星海是中国现代杰出的音乐家。1905年，他出生在澳门一个贫苦的海员家庭，1926年赴法国巴黎求学，成为走进巴黎音乐学院的第一个中国人。1935年毕业后回国，参加抗日救亡运动。1938年到达陕北，担任鲁迅艺术学院音乐系主任。他在陕甘宁边区创作了大量抗日歌曲，其中包括像《黄河大合唱》这样壮美的作品。后来，他到当时的苏联考察，又创作了歌颂中苏两国人民反法西斯战争的两部交响乐和《满江红》组曲、《中国狂想曲》等器乐作品，1945年因病在莫斯科逝世。

　　在巴黎的时候，冼星海已经创作过女高音独唱曲《风》，此曲在巴黎的电台上播放过，在音乐学院的入学考试中，他还得了银质奖。毕业的时候，他也完全可以留在巴黎，继续他的创作生涯。但是，危难的祖国在召唤他，他毅然回到灾难深重的祖国，投入了抗日救亡运动，并创作出《到敌人后方去》、《在太行山上》等优秀的歌曲。

　　但是，冼星海艺术生命的高峰出现在他在鲁迅艺术学院当音乐系主任的时候。那时，他创作出了不朽的作品《黄河大合唱》，这部作品成为当时中华民族英勇抗日的精神动力。

　　1939年除夕晚会上，冼星海听了诗人光未然朗诵的诗作《黄河》，那表现了中国人民奋起抗日的激昂诗章使他深受感动，激发了冼星海的创作灵感。他要来了那首诗，决定把它谱写成大型的合唱曲，用来激励全国人民抗击日本侵略者。

　　冼星海回到自己的窑洞，全身心地投入了创作。他的窑洞里有一张桌子，桌子上摊满了他从延安集市上买来的大大小小的瓷碗，有的碗里，还装着些水，这就是冼星海的土钢琴。窑洞墙上，挂着一把小提琴，这一切，就是冼星海的全部家当，也是创作《黄河大合唱》的配音乐器。

光未然的诗，有黄河船夫的呐喊，有流亡者沉痛的对话，有对日本侵略者的控诉，有对中华五千年光辉文明的礼赞，更有战斗的呼唤。该如何处理这些充溢着民族特色和时代特色的诗章，将它化成音乐的旋律呢？

冼星海的脑际，出现了渡过黄河时见到的船夫拉纤的情景，耳边又响起他们高亢的号子声，那才是中华民族不屈不挠的精神的体现呢。于是，冼星海把那震撼人心的号子声融入了歌曲，很快地写出了第一曲《黄河船夫曲》，为整个合唱奠定了振奋的基调。

接着，男高音豪迈抒情的颂歌，女声齐唱的歌声，中国大鼓的民族特色，浪潮汹涌似的轮唱，以及号角般的怒吼，一首接着一首，出现在冼星海的"土钢琴"上，出现在小提琴的琴弦上。整整六天，冼星海终于把《黄河》变成了《黄河大合唱》。一部象征中国音乐的新高峰的伟大作品，在最简陋的窑洞里，用最简陋的乐器完成了。

这一年的四月，在延安的陕北公学大礼堂里，《黄河大合唱》首演。虽然没有音响设备，没有完备的乐队伴奏，但是，从头至尾，每一首曲子都紧扣住听众的心弦，因为它们正是人们从内心迸发出来的乐声，理所当然会引起强烈的共鸣。首演获得巨大的成功。

五月份，鲁艺合唱团再度演出《黄河大合唱》，边区政府所有的领导都来欣赏这部中国人自己的音乐作品，演出在延安引起了轰动。这以后，《黄河大合唱》迅速传遍了整个中国，成为鼓舞人们英勇抗敌的号角。

几十年来，《黄河大合唱》唱遍了中国，成为我国大型声乐作品的经典，还改编为钢琴协奏曲、大型舞蹈，成为中国音乐史上的光辉篇章，也赢得了世界性的赞誉。

·镶金嵌银九龙壁·

在中国传统手工工艺行当中，金银首饰这一门，历来大有能工巧匠。从北京玉华首饰楼出师的毕尚斌师傅，就是其中的一位。他1908年出生在贫民家庭，虽然读过五年私塾，但家境困难，无法继续读书，只得到玉华楼当了学徒。

旧中国的首饰艺人，做的是最"富贵"的活计，整日里跟黄金白银打交道，自己过的却是最苦的日子。开始当学徒的时候，师傅们把毕尚斌当下人使唤，侍候师傅们吃喝拉撒，干的活尽是送货取货，还要一溜小跑，略有耽搁，便拳棒交加，师傅们只怕徒弟学了手艺，砸了自己的饭碗。毕尚斌从14岁开始，过了3年这样的学徒生活。

但是，毕尚斌是个有心人、聪明人。他虽然被当做小伙计一般支来差去，但师傅们干活儿时他却处处留心着。送货时，验活的师傅注意挑剔活件的哪些方面、经常提的意见有哪些，他也牢牢记在心里。一有空闲便暗暗琢磨。过了一年多，他就把一些普通的活儿学会了。

有时候，一些数量多的金银小物件，师傅们来不及应付，就叫毕尚斌上案子帮着干。往常的徒弟，初上案子，总是怕这怕那，干出来的活儿师傅们当然不会满意，少不了一顿臭骂。可是，喊到毕尚斌，他却像胸有成竹一般，上了案子，飞快地干起来。师傅们奇怪了："这手艺是谁教给你的？活儿做得还真不赖。"

可以上案子了，毕尚斌多了实践机会，对他的手艺长进确实有好处，他也乐意。可是干的活儿却成倍翻番，各种各样的首饰、珠翠都往他那里堆，每天总得干上15到20个小时。徒弟是没有休息日的，只有在重要节日，师傅才扔两个钱，让他们闲着逛逛街。这种情况下，毕尚斌总是上街买点纸笔回来，一个人到小屋里，静静地思考，设计一些金银首饰的新式样。

出师以前，毕尚斌已经能够做一些与众不同的花丝镶嵌新活件了。但是自己做不了主，一些物件也只能小打小闹。虽然说经过他创新的首饰很受那些太太小姐们的欢迎，可是名气却都被师傅们占了，人们只知道玉华楼的师傅打造的首饰新颖别致，谁也不知道这些首饰竟然出于一个徒工之手。

等毕尚斌出了师，成了一位正式的花丝首饰师傅之后，他就可以创作更加高档的饰物了。有一天，他在乱纸堆里捡到一张九龙壁的彩画。那云，那海，那九条栩栩如生的龙立即把他迷住了。他一定要试一试，用花丝镶嵌的手艺，把九龙壁做出来。

当时正值夏天，毕尚斌跑到北海，去观摩九龙壁，他一蹲就是半天。他没有画板，就在膝头上摆一块硬纸板，把九条龙、海水、流云的情状一一画了下来。夏天的午后，北京还是十分热的，毒辣辣的太阳，晒得他一头汗珠滴滴答答往下流，他也毫不理会，一连画了几天，才把图画好。

回到家，他开始设法把北海的浮雕变成花丝镶嵌的活儿。他用一条条金丝编织成龙，九龙条各不一样；他又在画面上用镶嵌的办法，组成波浪，组成白云，还有九龙爪前的火珠。最后，按照北海九龙壁的构图，把九条编织起来的龙平粘到画上去。就这样，一幅花丝镶嵌的九龙壁就创作成功了。

金光闪闪的九龙壁，立刻轰动了金银首饰界，九条龙飞舞腾跃，海水仿佛在掀起巨浪，浮云好像真的一样。大家都说，这是花丝行里难得的珍品，毕师傅手艺真是高超。

就这样，毕尚斌登上了艺术殿堂，成了金银首饰这一行当里的工艺大师。

·篆刻大师谢梅奴·

　　谢梅奴是中国现代著名的篆刻大师。他1911年出生在长沙一个缙绅人家，父亲曾在新疆为官，一生喜读诗文。谢梅奴七岁入塾读书，塾师是一位书法迷，经常在教四书五经之余，对学生大侃书法及书家轶事，让谢梅奴幼小的心灵里萌发出对书法的向往，对篆字和印章特别钟爱。他12岁便能够在一方石头上，篆刻出字样来。

　　就在这一年，他的父亲去世，母亲把他寄养在杭州一个开商行的亲戚家里。原来打算让他改学经商，日后也可以有一个糊口的职业，可是，谢梅奴却对篆刻着了迷，亲戚也不好意思逼着他当学徒，他便有了许多时间玩他的篆刻。

　　杭州的夏天，骄阳似火，白天气温很高，谢梅奴却不肯躲在凉快的家里。他没有钱，无法到店里去买现成的石头练习篆刻，便带了一把刻刀，漫步踏上苏堤。他知道那儿散落着许多碎石，其中有的可以当石方刻字，便边走边在堤上寻找。看到合适的石头，便捡在衣袋里，等捡满了一口袋，就找一株柳树，坐在树阴下，练习篆刻。

　　这一天，12岁的谢梅奴又在苏堤上一株树下坐定，从怀里掏出一块青黑色的石头，蘸着水去桥栏石上磨平了，又取出刻刀，在上边刻起篆方来。这时候，路上行人的熙熙攘攘，树头知了的叫声，都未能打断他的思路，他专心致志，忘记了炎热，也忘记了时间。

　　突然，有人站在他身后叫了一声"好"，这才把沉迷在篆刻里的谢梅奴惊醒过来。他抬起头来，只见一位身着长衫的中年人，正笑眯眯地瞧着自己，虽然素不相识，谢梅奴却依稀觉得他跟自己在长沙的塾师一样和蔼可亲，手中的刻刀不觉停了下来。

那人又笑了笑，伸手取过谢梅奴手中未完成的篆刻，点着头说："不错，小小的年纪就有这般刀功，而且定力非凡，长此下去，会有出息。"年幼的谢梅奴听到称赞，立刻兴奋起来，马上答道："我还有好多刻好的石头呢。您要是有兴趣，明天还在这里，我带来给您看。"那人见谢梅奴如此天真，立刻答应："好啊，咱们明天就在这里再会，不见不散。"

第二天，谢梅奴准时来到苏堤，手里还拎了一大口袋篆刻。两人见了面，谢梅奴迫不及待，一块一块把自己的石头介绍给那人，说话之中，夹杂着好多从塾师那儿学到的书法和篆刻的名词，说得有板有眼的。

等谢梅奴说到尽兴，那人便拿起他的石头告诉他，因为他年纪还小，手上劲力不足，刻刀还不够稳健准确，要多加练习；还告诉他，篆刻的字与字之间，应该有呼应，整个篆刻才不致死板，才能做到气韵流畅。两个人一直说到太阳落山，谢梅奴才依依不舍回了家。

这以后，两人又在那棵树下见过好几次，那人还给谢梅奴带来几张古代石刻的拓本，告诉谢梅奴去读放鹤亭的舞鹤石刻。岳王坟上有125座碑刻，大都是石刻的上品，可以去拓下带回家细细拜读。只有博采众长，自己的篆刻才会有所长进。

后来，谢梅奴的篆刻果然突飞猛进，他又得到齐白石老先生、徐悲鸿大师、张大千大师等人的指点，终于成为国内一代篆刻名家。可惜，那路人始终没留下姓名。至今，人们也不知道这位神秘人物究竟是谁。

·聂耳与《义勇军进行曲》·

中华人民共和国国歌的作曲者是伟大的音乐家聂耳。他1912年诞生在云南玉溪县一个中医家庭，从小就喜爱音乐，学会了多种乐器，在小学里就是乐队指挥。中学期间，在音乐教师柏希文指导下，聂耳广泛学习了乐理知识。抗日战争期间，他在上海参加救亡运动，为一系列电影谱写插曲，其中《大路歌》、《码头工人歌》、《毕业歌》等最为著名。他为田汉谱写了电影《风云儿女》的主题歌——《义勇军进行曲》。这首歌曲后来成为中华人民共和国国歌。可惜的是，1935年，聂耳取道日本赴苏联时，在日本神奈川县游泳时溺水而亡，年仅23岁。

1934年，日本帝国主义侵占了我国东北三省，又把侵略魔爪伸进华北，中华民族到了最危险的时刻。这时候，上海的抗日救亡运动正轰轰烈烈开展着。戏剧家田汉因创作了以救亡运动为主题的剧本《风云儿女》而被逮捕入狱，夏衍把剧本改成电影，让许幸之导演，要聂耳为电影谱曲。

这时候，在狱中的田汉也知道了此事，便为电影写了一首主题歌歌词，秘密送出监狱。看到田汉在一方香烟纸上写下的歌词，聂耳顿时心潮汹涌，热血沸腾，他把对人民的无限赤诚和对日寇的无比仇恨化作铿锵的旋律，很快写出了初稿。第三天一早，他就闯进导演许幸之的宿舍，把他从酣睡中叫醒。

许幸之听说聂耳如此神速，两夜间便谱好了主题歌，也十分兴奋。聂耳便坐在写字台的一角上，一手拿乐谱，一手在写字台上重重打着拍子，一连把主题歌唱了几遍，然后停下来，请许幸之提意见。

许幸之有点儿迟疑，他觉得自己毕竟是外行，面对才华横溢的聂耳，不知说些什么好。聂耳却急了，爽快地对他说："我的大导演，快把你的意见说出来，我好修改这曲子，老兄，时间不等人，我们得快一点儿把电影拍出来。"

许幸之这才说出了自己的看法：整个曲子激昂、明快、坚定有力，但是，第一句"起来，不愿做奴隶的人们"低沉了些，最后一句"冒着敌人的炮火，前进"要更强烈一点儿，最好少一点儿装饰音，让它更铿锵有力一点儿。

聂耳听了许幸之的意见，说："在谱这曲子时，真是心潮起伏，夜不能寐，创作冲动像泉水喷涌。听你一说，确实觉得曲调应该更直截了当一些，表现出东北义勇军那种宁死不屈、为中华民族浴血奋战的激情。"说罢，他当场便在歌谱上改动起来。

聂耳削去了一些装饰音，又把最后一句改成重叠句式，来表达抗日军民奋勇前进、前仆后继的激情。

《义勇军进行曲》终于诞生了，它像法国大革命时期的《马赛曲》一样，在日寇的铁蹄践踏祖国大地、敌人带血的刺刀面对胸膛的时候，向全国人民发出了战斗的号角、民族的吼声。它迅速传遍全国，鼓舞着全国抗日的军民。

第二次世界大战期间，1940年，美国著名的黑人歌唱家保罗·罗伯逊用他浑厚的男低音演唱了中国的《义勇军进行曲》，还把它灌成了唱片。从此，中华民族在生死存亡关头的怒吼声立即传遍了全世界，成为全世界人民反法西斯战争的战歌。

如今，它已经成为中华人民共和国的国歌，伴随着冉冉升起的五星红旗，伴随着永不停歇的中华民族脚步，伴着中国人民前进，前进，前进，进！

·吴桥传人陈兰英·

我国的杂技之乡河北省吴桥县有个火盆陈庄，那里出了许多著名的杂技艺人。其中有一位陈师傅，以飞刀名闻天下。陈师傅到俄国赤塔表演时，应邀参加了俄国的一个马戏班。1915年，当他们夫妇跟着马戏班到乌克兰演出时，他们的女儿诞生了，他们将女儿取名陈兰英。陈兰英自小长在马戏团中，5岁就登台演出，经过刻苦锻炼，终于成为名闻世界的杂技演员。她晚年回归故土，继续为吴桥的杂技艺术贡献自己的力量，培养出新的一代吴桥传人。

当陈兰英开始跟着父亲练功的时候，苏联正遇上十月革命以后最艰苦的岁月。母亲因为饥饿和疾病去世，父亲为了支持女儿刻苦练功，常常省下配给自己的几片面包，给女儿充饥。父女俩相依为命，过着吃了上顿缺下顿的日子。陈兰英爱上了走钢丝，只要有口吃的，便每天练功不止。

那一时期，他们生活在基辅地区。那个地方冬天特别长，也特别冷。寒风凛冽，大雪纷飞，每年有好几个月气温达到-30℃。陈兰英必须天天坚持练功，即使在这几个月内，也不能落下一天。而且练功时衣服不能多穿，脚上也只能穿特别薄的练功鞋。即使是在毡靴里把脚焐热了，只要一踩上又冷又硬的粗钢丝，两脚便会冻僵。所以，陈兰英只能先把全身和两脚的筋骨都活动开之后，再去钢丝上练习。

国外的钢丝架子都比较高，有的有两米多高呢。不小心从钢丝上跌下来，轻的要鼻青脸肿，重的要跌成残废。所以当时外国走钢丝的杂技演员大都手持长竿，用它保持平衡，所做的动作也大抵比较简单。而吴桥人传下来的动作，要比他们复杂得多，难度和危险性就高得多。

父亲教了陈兰英一套自救的方法。根据中国气功的原理，父亲要陈兰英做到"静"，这就是精神高度集中，消除一切杂念。只有精与神合一，表演时才不会失手。万一由于种种原因失手了，头脑一定要冷静，遇到这种情况，双手一定要发挥作用，无论如何也要死死抓住钢丝不放手。

果然，有几次陈兰英从钢丝上掉下来，她死死抓住了钢丝，才没有摔伤，双手却被刮掉一层皮。她疼极了，但是她咬了咬牙，噙着泪水，坚持练习下去。

有一段时间，陈兰英和父亲所在的马戏班因为没有人来看戏，挣不到钱，实在无法维持，只得解散。父亲带着她，联络了几个同行，搭伴组成一个小班子，到乌克兰南部巡回演出，勉强糊口度日。但是，陈兰英父女并没有放弃对杂技艺术的追求，他们一边苦练技术，一边改良器材，造出了一种适合在上边跳跃翻腾的新钢丝，可以充分发挥陈兰英掌握的高难度动作。

陈兰英在钢丝上，以跑动、弹跳腾跃为主，动作迅速、轻快，姿态优美。著名的动作有猫形跳、大坐转身、腾跃转体360度，整个动作给观众飘然腾空、自由飞翔的艺术感受。每次表演，陈兰英每做完一个动作都博得观众的热烈掌声和喝彩。

1927年，陈兰英父女被莫斯科大马戏院吸收为正式演员。20世纪30年代开始，陈兰英已经成为苏联马戏演员中的名角，莫斯科大马戏院的主角。她的演出鞋伴随一尊她的半身像收藏在杜罗夫马戏博物馆里，作为她对杂技艺术作出重要贡献的纪念。

独在外乡，终不如回乡，陈兰英父女忘不了哺育他们的故土，1937年，父女俩载誉回到了吴桥县，开始了将吴桥杂技发扬光大的新事业，成了杂技领域里的一代宗师。

·艰难与欢乐同在的赵丹·

　　赵丹，1915年生。南通人，原名赵凤翔，是我国著名的电影表演艺术家。20世纪30年代，曾在《马路天使》、《十字街头》、《乌鸦与麻雀》中饰演主角。新中国成立后，先后主演了《为了和平》、《李时珍》、《在烈火中永生》等影片。1980年因病去世，终年66岁。从年轻时的《十字街头》、《马路天使》，到新中国成立后拍摄的《李时珍》、《林则徐》和《聂耳》，他的从艺生涯，见证了中国电影发展、受挫的历史。他的一生是把欢乐带给人民的一生，是战胜艰难和努力奋斗的一生。

　　赵丹的一生坎坷不平，几十年的从影生涯中，受过两次巨大的磨难。第一次是在新疆的监狱中呆了5年。那时，他跟一批抗日青年到新疆去开拓戏剧工作，参加了《战斗》、《故乡》等抗日剧目的演出，被反动军阀残酷迫害，后来经多方营救才获得自由。

　　第二次是在十年动乱中，他被"四人帮"送到农村"改造"，似乎再也不会有希望重上银幕，再也无法获得自由。但是，赵丹并没有厌世轻生，依然快乐活泼地打发着日子。在农村"改造"时，赵丹如鱼得水，跟农民们打成了一片，朝夕相处，老农们常常捕鱼捉虾，到他家里替他开小灶。有人来了解情况，所有的人都替赵丹说好话，问上级什么时候允许他演戏，他们都想看他的演出呢，把那些想找赵丹茬儿的家伙气得半死。

　　赵丹之所以能够这么豁达，是与他自身的人生修养和艺术修养有关。他从小就练拳术，会拿筷子的时候就会拿笔写毛笔字和练习作画，10多岁时就能替店铺写匾额，多才多艺使他能较别人更易化解心中的烦恼。

赵丹上中学时，就喜爱戏剧，跟同学组织了一个"小小剧社"，他担任社长，从灯光、布景到导演、主角，常常是一个人兼，演出了不少田汉和洪深的剧本，这个时期的经历使他得到了很好的锻炼。所以，尽管赵丹没有上过专门的艺术学校，是一个纯粹的业余演员出身，但"实践出真知"，他的表演才能已经达到了很高的境界。

赵丹的演技出自模仿和借鉴，为此他认真观摩学习了很多世界各国名演员的表演。要想在银幕上创造出栩栩如生的形象，一定要付出比一般演员更辛勤的劳动。

有一次，赵丹要表现这么一个场面：一个丈夫在万念俱灰的时刻，准备去自杀，他要一面笑着和家人告别，一面转身留恋地扫视着屋里的一切，然后再转身出门去。这是一个人的戏，没有一句台词，全靠演员的演技去表达人物的内心世界。

赵丹想好好地表现一下自己的演技，但是，当他转身回望时，情绪怎么也调动不出来。摄影棚里，灯光亮了又熄，熄了又亮。这时候，站在摄影机旁边的聂耳，突然灵机一动，拿起小提琴，奏起了缠绵的小夜曲。

音乐的启示立刻激发了赵丹的灵感，他从音乐旋律中，领悟到了人物的内心世界。拍摄开始了，摄影机往前推，聂耳一直在旁边奏着小夜曲，赵丹立即进入了人物此刻的情绪，一段感人至深的长镜头很快拍完了。

1980年，赵丹去世之后，北京举办了他的书画遗作展览，作品有200余件；第二年，法国第九届国际现代艺术节举办了赵丹影片回顾，选择了他八部代表作品，充分展示他的艺术才华。两个展览，全面概括了一位艺术家多才多艺的一生。

·相声硬汉子常宝堃·

在相声这一中国特殊的说唱艺术中，有位著名的艺人名叫常宝堃。他于1922年出生在张家口说唱艺人家庭，四岁学艺，八九岁就登台，12岁时已蜚声天津。群众爱听他的相声，都说他是"天才的相声演员"，常大师不幸于29岁那年牺牲在朝鲜抗美援朝演出的战场上。

相声这种艺术，过去活跃在北方贫困人民聚集的地区，像北京的天桥、天津的三不管撂地。除了一些传统的优秀段子之外，相声艺人们喜欢根据时事，自己编出一些新段子，抒发一下心中对黑暗社会的不满。不过这种段子虽然受到劳苦人民的欢迎，表演者却要承担风险，弄得不好还要挨打坐牢。年轻的相声演员常宝堃就是一位坚持说"时事相声"的勇敢的艺人。

1945年夏天，日本帝国主义已经濒临灭亡前夕，为了强化侵略战争，日寇强迫天津的老百姓献铁献铜，去制造枪支炮弹，老百姓家里的铜铁遭了殃，百姓们憋了一肚子气。

有一天，常宝堃登台演相声《耍猴儿》。这本是描写耍猴艺人生涯的段子，演员们要用口技表演锣声，还要表演猴子的动作，本是个十分轻松的段子。可是，常宝堃一登台，就显出愁眉苦脸的样子，和搭档说："坏了，今天咱们这《耍猴儿》演不成了。""为什么演不成？""我的锣没啦，没锣耍什么猴呀？""你那锣哪儿去啦？"常宝堃一拍巴掌："我的锣献铜了。"这以后当然在搭档劝说下，用嘴模仿锣声，继续演完了《耍猴儿》。

这一段现编的新词儿当然引起了观众的哄笑，大家心里明白其中的意思，对常宝堃的新词十分欢迎。可是，消息很快传到伪警察局那儿，结果，捅了马蜂窝的常宝堃第二天便被敌伪警察局扣留，被关了几天才放出来。

有人劝常宝堃吃回亏学一点儿乖，可是常宝堃却不退缩，继续用相声揭露敌伪的法西斯统治。有一次在天津庆云戏院，常宝堃演了段相声《牙粉袋》。相声反映的是天津的物价飞涨。在相声里，常宝堃甩了一个大包袱，他一再宣布，每一袋洋面的价格，一天比一天低，搭档不相信，他却一次次报出每袋洋面的价格，确实是在下降。在搭档逼问下，他才承认，那洋面的口袋，也是一天比一天小，那口袋究竟多小呢？到最后，常宝堃才吐露真相：也就跟牙粉袋差不多。戏院里顿时爆发出一阵大笑。

这个段子讽刺了敌伪占区物价飞涨的现状，狠狠地击中了敌伪的要害，敌伪警察局气得要命，又一次抓走了常宝堃。这一次关了他十天。出来的时候，原来就瘦的常宝堃变得更瘦弱了，但是他却一点儿没后悔。

这以后，敌伪警察就盯上了常宝堃，常宝堃在哪儿说相声，他们知道了，就派人去捣乱，一不顺心，就动手打人，还把茶壶飞掷到舞台上。他们是要堵住常宝堃的嘴，不让他揭露社会的黑暗。

常宝堃不买那些人的账，决定跟他们对着干，特意编了一段相声《打桥票》。说的是天津当时的一座"法国桥"，桥头每天站着几个警察，要每个过桥的人都打票。怎样打票？就是往电线杆上挂着的盒子里塞钱，就像进剧院瞧戏要花钱买票一样。

有一次，警察远远瞧见一条大汉拖着满车白菜来了，就让他打票。那汉子说，我的菜还没出手呢，哪来的钱？那些警察左瞧右瞧，见他确实不像有钱的模样，便摆一摆手："好吧，你搁两棵白菜到电杆底下。"

相声演出后，听众都说常宝堃是条硬汉，更加喜欢听他说的相声了。

·菲狄亚斯塑雅典娜·

公元前448年至公元前432年间，雅典出了位最负盛名的雕塑家菲狄亚斯。菲狄亚斯曾经跟一些著名的雕刻家、画家学习，成为公元前5世纪建设雅典城市的主要参与者。他的主要塑像有《雅典娜》戎装像、《宙斯》巨像等，都达到了当时艺术的最高水平，人们把那个时代称为希腊古典艺术的"菲狄亚斯时代"。

公元前460年至公元前450年间，雅典城邦在波希战争中取得了胜利。为了表彰自己战士的功勋，雅典城邦决定在雅典卫城广场上竖立起一座戎装的雅典娜女神像。雅典娜是战争和城邦的守护之神。在神庙前广场上竖起她的神像，是希望她能庇护雅典，使雅典永远自由和独立。

伯里克利时代，雅典无论在经济实力方面，还是政治军事方面，都居于全希腊各城邦的前列，所以，他们在雅典最高处建起帕提侬神庙，神庙前的广场上竖起青铜雅典娜神像，庙堂里还有雅典娜巨像，这些都是菲狄亚斯的杰作。

广场上的青铜像是一座英雄式的神像，她身着戎装，仪态端庄，神态优雅自然，充满着忠贞、坚毅、智慧。它彻底摆脱了早期雅典时期古典艺术的拘谨风格，宏扬了雅典城堡的伟大。

而殿堂里的雅典娜巨像比起青铜像来，更加华丽，它是用木头做的胎，外边贴金叶或镶着象牙，也是戎装之像，右手还平托着胜利女神尼凯呈献的光荣冕，身上甲胄、头盔及盾牌上的浮雕都体现出当时雕塑的最高水平，让当时的人和后人赞不绝口。

菲狄亚斯所刻的塑像是在帕提侬神庙建筑的同期创作的，当主要的两座雅典娜神像雕成之后，整个帕提侬神庙还在建筑之中。后来，神庙终于基本建成了，装饰神庙前后门以及四面檐部的浮雕也已经完成，那些浮雕是菲狄亚斯和他的学生共同创作的，共有浮雕板92块。浮雕共长160米，共有550多个人物，这些浮雕让神庙更显得典雅壮丽。

但是，人们觉得，神庙的内部和四周虽然已经尽善尽美，神庙两根高柱的顶部却还欠缺点什么。于是，人们建议在庙的高柱上增加两座雅典娜的雕像。这个任务交给菲狄亚斯和他最好的学生阿尔卡麦涅斯创作。

过了不久，师生俩的雅典娜神像都已雕塑成功了，只等着吊装到神柱顶上去。但是，大家都感到十分纳闷：这两座雕像怎么这样大相径庭呢？菲狄亚斯的那件塑像，怎么这样怪怪的？整个身子，显得比例太不协调了，身材高得出奇，跟其他部分不成比例。

而他的学生阿尔卡麦涅斯的雕像却是那么匀称和优美，真是青出于蓝而胜于蓝呀。人们在两座雕像前窃窃私语，交头接耳，那意思无非是嘲笑菲狄亚斯已经老朽，怎么会拿出这种不像样的东西来滥竽充数。

菲狄亚斯也站在一旁，他并不是听不见那些嘲讽，也不是看不清人们送给自己那座雕像的眼光。但他却安之若素，脸上依旧露出睿智的笑容。有几个好朋友吞吞吐吐问他这是怎么回事，他只是笑笑说："别慌，把雕像放上去再说。"别的话他不再多说一句。

吊装的日子终于到了。当人们把两个石像一齐放上高高的神柱顶上之后，人们忍不住要大擦眼睛：怎么啦，两座雕像都变了，原来怪怪的好像太高太长的雅典娜，突然变得十分匀称，而那件在地面上相当不错的像，到了柱顶，却变成了杂耍队里的小丑，太矮太矮了。姜还是老的辣，菲狄亚斯事先就考虑到了仰视会造成人们视觉上的偏差，雕像的比例应该顺应这种偏差加以微调。

·在挡画布下面·

公元前300多年，是希腊文明最繁盛的时候。那时，绘画的人非常多，帕尔哈西奥斯就是其中老一代画师的代表。他的画，除了神话故事题材以外，对大自然神奇的风光以及静物的描绘都达到了出神入化的境界。

每年秋天，雅典的画师们总要作一次绘画比赛。这本是一种切磋技艺、促进画艺进步的好机会。历来的比赛，确实也是奉着这个宗旨，许多画家参加比赛也是抱着这个目的，因为他们在比赛中能学到的东西很多。

也不知从何时开始，比赛的味道开始变了。有一些争胜好斗的画师开始把它当做争名夺利的机会，总想把所有的画师都比下去，自己成为全希腊最出色的画师。比赛的火药味儿渐渐浓起来。

特别当一批年轻的画师逐渐成长起来，急于展示自己才华的时候，这种比赛的性质又开始掺入挑战的意味。年轻人心高气傲，希望一战成名，秋季比赛就成了他们显示自己才能的最好的机会了。

却说这一年的初夏时节，雅典城里就传出一条消息，年轻画师宙克西斯向老画师帕尔哈西奥斯下了战书：到秋季比赛的时候，各人拿出一幅新作，摆到帕提侬神庙前的广场上去，看谁的画更出色。双方各有一批追随者，比赛还早着呢，舌战倒已经开始了。年纪偏大一点儿的拥护帕尔哈西奥斯，瞧不起那个乳臭未干的小子；一群年轻人却认为老朽们早该从神坛上下来了，宙克西斯必胜。

比赛的日子终于来到了。帕提侬神庙前，一大早就聚集了好几百人，等候比赛的开始。这一天，天高气爽，太阳早早地升起。天空里，一群鸽子飞来飞去，最后停在了树梢，发出"咕咕"的声音。

两位画师终于出现在广场上，他们各自捧着自己的新作，不过都用挡画布挡上，等比赛开始，掀起挡画布，大家就可以评出，究竟是老画师的画好，还是年轻人画得出色。两人把画放到架子上，站在一旁，看来都很自信。

"掀开来，把挡画布掀开来！"到场的人都忍耐不住，大声喊起来。但是帕尔哈西奥斯却十分沉着地站在画旁，笑容可掬地瞧着人们，双手笼在宽大的袍袖里，一点儿没有动手掀挡画布的意思，于是有人喊："宙克西斯，别等啦，把挡画布掀了！"

宙克西斯其实早就按捺不住了。听到喊声，他礼貌地朝帕尔哈西奥斯点了点头，又朝人群挥挥手，回身捏定挡画布一角，慢慢扯动它，突然一扬胳膊，把挡画布抛在地上，然后朝人群弯腰致礼，请大家评价。

"啊！"人群里响起一阵赞叹，多么美的一幅风俗画！远山，蓝天，白云；葡萄架下，一位天使般俊美的孩子正从藤上摘下一串成熟的葡萄，天真的脸上，洋溢着甜蜜的笑容。

突然，一阵扑棱声响，树梢的鸽子被吵闹声惊起，飞了起来。一只鸽子正落在宙克西斯画架上。你看，那鸽子低下头，偏着脑袋，把画左瞧右看，突然伸出鸟喙，啄向画中的葡萄，原来鸽子把它当做了真葡萄。

"哗！"人群里又爆发出一阵喝彩。宙克西斯画得多好，居然骗过了那只鸽子，真是巧夺天工啦！今天，胜利者非他莫属了。

"喂！帕尔哈西奥斯，掀开你的布，也让我们瞧瞧！"人群里发出一声呐喊。可是，帕尔哈西奥斯依然无动于衷，只伸出一只手，向宙克西斯示意，让他来掀挡画布。

宙克西斯略一迟疑，便大步朝帕尔哈西奥斯走来，到画架前三步左右，他便伸出了手。突然，他的手僵在了空中，两颊也涨得通红，宙克西斯接着缩回手来，屈身下跪，拉起帕尔哈西奥斯的袍襟，轻轻地在上边印了一吻。

到此时，广场上的人才明白，帕尔哈西奥斯画的，就是一块挡画布，老画师用他高超的技巧，骗过了所有在场的人。

·但丁与"天使"·

在封建主义向近代资本主义转变的历史时期，世界上出现了许多伟大的人物。其中最早也最有名的，就是被恩格斯称为中世纪最后一位诗人，同时又是新时代最初的一位诗人——但丁。

但丁出身于意大利佛罗伦萨一个没落的贵族家庭。6岁时，他的母亲就去世了，18岁那年，父亲也亡故了。但丁少年时代非常好学，对拉丁文、诗学、修辞学、伦理学、哲学、神学、历史、天文、地理、音乐、绘画等都爱好钻研，其中钻研最深的是古代希腊、罗马诗人的作品。

1274年春天，9岁的但丁随父亲一起参加一个宴会，在那次宴会上，他遇见了一个和他同龄的小姑娘贝雅特丽齐。

从那一天起，这个9岁的穿红衣服的小姑娘就成为但丁心目中的"天使"，他深深地爱上了小姑娘，他的想象始终追随着她的倩影，他热烈地渴望着能得到她的柔情……

9年过去了，有一天，但丁又在街上遇见了这美丽的天使。她穿着一件白衣，和两个女友在街上行走。她那含情的杏眼，甜蜜的樱唇，嫣红的双颊，玉白的脸蛋，那温柔的姿态，飘飘的轻罗，越发使但丁神驰了。

贝雅特丽齐看见了但丁，向他行了一个礼，如同飞燕掠水似的走过了但丁身边。痴情的但丁激动得久久不能平静，回到自己的寓所，呆呆地发怔。当天夜里就做了一个梦。

但丁在梦中看到一位面貌庄严的神，抱着一位只裹着一条红被单的人，这就是贝雅特丽齐。神的手中拿着一颗燃烧的心，象征着但丁的爱情。神让贝雅特丽齐把那颗心吞了下去，然后，带着她一同升天而去。但丁醒来之后，将梦中所见的写成了一首诗，在诗中这么赞美这位天使：

当我的淑女走在众人中间，

她行礼时有无限的高贵，无限的庄严，

接受她敬礼的人们，都不敢抬起双眼，

想要向她寒暄，却变得口噤，哑然，

她的全身都显示着温存、谦虚。

在赞扬声中，她缓缓地轻步着微尘；

她好像本来是住在天上的一位仙女，

降落在凡间，为要把奇迹显给人们。

她把快乐的柔情向着凝视她的人们洒遍。

她溶溶的秋波直注入人们的枯槁的心田。

谁若没有尝过那种安慰与温暖，

谁想要意会她这种柔情也是困难。

只要你能细心领略她那两鬓间的年轻红晕，

你便会觉得那儿像闪着个幻影，

正是爱神——

那幻影，还像给你下命令说：

"快吐出呀，你吃惊的叹声！"

但是，三年之后，这位梦中的天使出嫁了，不久，贝雅特丽齐不幸天逝。但丁为此啜泣悲哀，痛不欲生，长期陷入梦境和幻境之中。他把自己的恋爱故事写成了一首首诗，这些情诗被收进1295年出版的诗集《新生》中。

《新生》诗作大量运用了中世纪文学常用的梦幻、象征和寓意艺术手法，使但丁对贝雅特丽齐的精神之爱笼罩在一层神秘的气氛之中，有的诗篇本身就是梦境的实录。

·乔托画驴·

　　乔托是13世纪时意大利文艺复兴时期的画家，他1267年出生在佛罗伦萨的多斯加尼，本来是个牧童，成为画师之后，仍经常生活在农村。他的绘画技巧十分高明，由于对生活观察得十分细致，画出来的物体，特别是他熟悉的大自然和种种动植物，都像有生命一般，因此画作深受人们喜爱。他于1337年去世。

　　当时的意大利，是由众多的公国分割成一块块领地，尽管有一个罗马教皇，各个公国却相对独立地管理着自己占有的一片领土。统治者们虽然大致上都差不多，对百姓实行剥削和压迫，却总有几个野心勃勃的人要扩大自己的领地和影响。那不勒斯亲王便是如此。

　　这位亲王最喜欢把自己的公国吹嘘成全意大利最强盛的地方，而且喜欢给自己树立一些纪念碑式的功绩。这一年，他突然又想在自己的地盘招揽一批艺术家，给后代留下一点儿艺术作品，便让手下的官员们去请全意大利最出名的画师到那不勒斯来画画。

　　官员们当然不敢违拗，便列了一个名单，排列的方式是由近及远，由易及难，只不过是应付一下亲王的心血来潮。排在第一名的便是乔托，他住得近，又是出身低贱的农夫，应该是首选的敷衍塞责的对象。听说第一个要请的只是一位农夫出身的画家，亲王的眉头立刻打起了结。凭他？怎能替那不勒斯扬眉吐气？官员们立即鼓起了如簧之舌，说这位乔托十分有名，他曾经在老师的画上画了只苍蝇，老师居然没看出来，挥之不去，还想伸手拍死。连教皇都请他作过画。好吧，就去请他，只要是位天才，请谁都行。

　　那不勒斯的使者终于在乔托那间一半是农舍、一半算画室的屋子里找到了他，要他赴那不勒斯画画。乔托倒不推辞，只不过不想坐他们的车子，宁愿骑着自己那头瘦驴，慢慢地赶路。那不勒斯的使者只得自己回去复命，在城中等候画师的到来。

好在乔托没有耽误多少时日，便来到了那不勒斯。路上时间虽然不长，却看到亲王的统治下，百姓日子实在不好过。亲王要维持他们穷奢极欲的生活，用的钱当然从百姓头上刮，百姓的日子当然更加难过。

乔托的来到，让亲王失望极了。一个面貌丑陋的半老农夫，穿着也破烂，会是什么高明的妙手？不过既然请来了，就让这老家伙试试，总比没人来作画强。

乔托画得倒快。一天后，他捧着自己的画送进了宫。乍一看去，那画面上近一半的画面是头驴，倒也画得像活的一般，只是瘦骨嶙峋，实在可怜。不过那驴的神态却出奇地有趣，它正瞪着地上一副金光灿灿的鞍子，似乎在喷着鼻息，一派不屑的神情。

别的人也似乎看出了一点名堂，只是不敢开口。亲王越看越纳闷：画驴？什么意思？我的国家没多少驴呀！我的族徽上，只有一匹露出尖牙的母狼，那是罗马贵胄的标志，也没有驴呀！他皱起眉头问乔托，这画究竟是什么意思，实在让人看不懂。

乔托一本正经回答："我画的是王爷您的国家，这吃尽苦头的瘦家伙便是您的百姓，它的脾气，倔起来可什么也不顾呢，连背上的鞍子也会掀翻在地，王爷可要小心一点儿。"

王爷听了这话，险些要气破肚皮。他那些官员只得劝他，乔托给您画了这么多，真是给足了面子。听说他在教皇那儿，只画了两个红色的圈圈，教皇还十分满意呢。王爷想了想，不再说什么，只是再也不提请画家的事了。

·达·芬奇与《最后的晚餐》·

达·芬奇，意大利文艺复兴时期的大画家。他是佛罗伦萨公证人彼埃罗的私生子，生于1452年，自小生长在祖父母身边。佛罗伦萨有的是博物学家、数学家、物理学家，达·芬奇一生博学多才，最后成了最著名的画家。他的作品《最后的晚餐》、《蒙娜丽莎》为文艺复兴时期最著名的作品。从1516年开始，达·芬奇移居法国，1519年在安波斯城去世。

1495年，米兰圣玛利亚修道院找到达·芬奇，要请他替修道院作一幅圣画，画在修道院餐厅那道迎面的狭长的墙上，给这一间素朴的厅堂增添一点儿神圣的气氛。由于这个特殊的地点，达·芬奇立即想起了《圣经》上记载的著名故事《设立晚餐》。

开始的时候，达·芬奇并不想接下这个差使。因为他至今还卷在一桩有关圣画的官司里。那是1483年开始画的《岩间圣母》。本来，这是一幅出色的圣母图，无论人物还是花草，都体现出达·芬奇作为大画家和科学家的手笔。但是，委托人却借口以圣母头上没有画光环、约翰没有十字架、天使没有翅膀为由，不仅拒绝付款，还把达·芬奇告上了法庭。

而且，《设立晚餐》的故事，许多画家都已画过，其中最著名的画家乔托、基尔兰达约、丁托列托等都没画好，因为这个故事情节复杂，戏剧性强，要在一刹那之间表现出这个故事各个方面，确实难以处理。

《设立晚餐》的故事说的是：在逾越节那天晚上，耶稣预先知道自己死期将到，便和他的12个门徒共进晚餐，席上，耶稣忽然说：

"我老实告诉你们，你们中间有一个人要出卖我了。"门徒们听了，非常震惊，纷纷发问。耶稣回答说："伸手在盘子里的人，就是他要出卖我。"当时犹大正伸手蘸盐，便问："拉比，你说是我？"耶稣回答："你说得对。"

这是多么好的题材！又多么具有挑战性！达·芬奇终于答应接受这个邀请，开始了作画前的准备工作。他作了一系列速写、素描，详细地确定每个人的身份、年龄、性格，寻找合乎想象的模特，他把这些人不同的姿势、动作、表情勾画下来，孜孜不倦地探索登场人物的最佳形象。这么一准备就是一年多。

这么长的时间，达·芬奇的画还没好，这可急坏了修道院的副院长，他对此十分不满，便向佛罗伦萨的公爵告达·芬奇故意怠工。达·芬奇找到副院长，对他说，我这画还有两个人的脸没画好。基督的圣容，至今我还无法画出来，还有一个是犹大，我看，就把你的脸画到犹大身子上去，那我就可以画得快一点儿了。这下吓得那副院长从此再也不敢说什么了。

到1498年，画了4年的《最后的晚餐》终于画好。画长910厘米，宽420厘米。所有的人物分成四组，耶稣坐在中央，这些门徒手势、姿态、动作、表情各异。有的十分激动，情不自禁地从座位上跳了起来；有的惊讶地举起双手，仿佛不敢相信这是真的；有的正在议论，互相询问着谁是那个叛徒；有的垂头丧气；有的问耶稣，叛徒到底是谁。他们都围绕着耶稣，以耶稣为活动中心。

只有那个叛徒犹大，听了耶稣的话，惊恐万分，不由自主地把身子离开耶稣，他一只手还伸在盐盘之中，木然地停在那上边；另一只手却紧紧地抓住腰间的钱袋，那是出卖耶稣得来的。光线在他脸上形成阴影，更表现出他面貌的丑陋，灵魂的卑鄙。

而室外的夕阳，正过窗棂，射到耶稣头上，形成了自然的光圈。这样处理，达·芬奇既不会被官司所苦，又不勉强给人物涂上刻意的圣光。这幅画与米开朗琪罗的《末日审判》、拉斐尔的《雅典学派》并称文艺复兴时期的三大杰作，是古典艺术纪念碑式的典范作品。

·丢勒的画笔·

　　1494年的一天，德国一位23岁的年轻美术家阿尔布雷希特·丢勒翻过了阿尔卑斯山，来到意大利旅行。在踏上意大利的土地之前，他已经看到了流传于阿尔卑斯山北部的意大利文艺复兴美术的雕版复制画，这使他激动不已。

　　那时候，丢勒已是德国纽伦堡很有名气的艺术家。他小时候在父亲的金匠店铺里学习了雕版技术，所以，丢勒不仅仅是油画著名，他的木刻组画和铜版画也有很大的名气。但是，丢勒始终感到不满足，他要到意大利去学习更多的南方艺术。

　　其实，在丢勒还没有去意大利时，他的杰出作品已经流传到了意大利，给那里许多著名的艺术家留下了深刻的印象。特别是他的《自画像》，更是让意大利的艺术家们惊叹不已。

　　丢勒为自己画过不少肖像，其中最著名的一幅并不着重色彩，而重视明暗法的采用。画中很突出的一部分是丢勒的头发，画得卷曲而精细，好像是用特制的笔画成的。丢勒来到意大利北部的威尼斯，当地一些小艺术家对他十分戒备。但是，威尼斯的大画家乔瓦尼·贝利尼对他非常友好。

　　一天，贝利尼亲自到丢勒的住处去拜访这位来自德国的客人。两位大画家一见面，贝利尼就迫不及待地说："先生，对你的作品，我非常佩服，我想冒昧地求你赠送我一支画笔。"

　　丢勒听了他的话，觉得很奇怪，不明白贝利尼指的是什么笔，老半天也没有弄懂他的意思，只是直愣愣地望着眼前这位大师。

　　贝利尼说道："我想要的——"他迟疑了一下说，"就是你画头发时所用的那种笔。"

这时，丢勒恍然大悟，不由哈哈地笑了起来，然后随手拿起一支普通的油画笔，一笔下去便出现了一缕柔软纤细的波浪式的女性秀发，使贝利尼大为惊叹。

在丢勒看来，画画并不是靠什么奇特的画笔，而是全靠敏感的手指，心灵的感觉，只有把全部的心血投入进去，才能画出理想的画面。

在贝利尼面前，丢勒非常虚心，他把自己的画送到贝利尼的家，请他指教。这使贝利尼非常感动，连声说："你让我指教，实在不敢当呀，你的画已在意大利流行，人们都非常欣赏你的作品。我怎能指教你呢？"

丢勒说："我到意大利来，就是向你们这些行家学习的，你们许多的画技是我学习的榜样。"

后来，丢勒离开了威尼斯，又到意大利各地去旅行。他学雕刻，学雕版复制画，只要认为对他的艺术创作有价值的，丢勒总不厌其烦地学。他恨不得把所有能学到东西都学到。在意大利他还拜见了"画圣"拉斐尔，向他求教。在拉斐尔那里，丢勒学到了在德国学不到的东西。离开拉斐尔时，丢勒深有感触地说："在你面前，我永远是个小学生，你的作品让我大开眼界，长了见识，我的意大利之行收获太大了。"

丢勒回到德国后，一门心思投入创作中。他一生中创作了成百上千幅素描、水彩、版画，成为德国著名的画家、铜版雕刻家、雕刻家。更重要的是，他是第一位真正吸取意大利文艺复兴时期艺术精华的德国画家。

·米开朗琪罗画壁画·

  米开朗琪罗是意大利16世纪著名的雕塑家和画家，上至教皇，下至平民百姓，对他都尊敬有加。这倒不只是因为米开朗琪罗创作出了许许多多脍炙人口的作品，还因为他是个性格倔强的艺术家。他脾气大得吓人，凡遇到跟他的艺术过不去的任何言论和举动，他都会板起脸来，一点儿也不肯退让，往往弄得别人下不了台。

  有一次，米开朗琪罗给西斯廷教堂画一幅巨型的天顶画。要在西斯廷教堂的天花板上画出300平方米面积的《创世纪》来。这幅连环画一共9幅，周围还要画十几位先知的形象。天花板距离地面20多米，米开朗琪罗每天要爬上高高的脚手架，弓着腰，仰着脖子，眼睛朝天，一干就是七八个小时，又累又艰苦，因此进度很慢。

  终于，连教皇也对米开朗琪罗的画画进度不满起来。他不敢亲自去催，只怕米开朗琪罗大怒之下，甩下画笔不干。想了好久，他想起自己那个脾气跟米开朗琪罗一样暴躁的掌礼官赛那斯。对，让他们钉头碰铁头，大吵上一架。赛那斯要是输了，我这意思也总算传达到了，米开朗琪罗一定心中有数。万一双方弄僵，米开朗琪罗要甩手不干，自己也能出面调停，最多把赛那斯惩罚一下，调个位置，自己做了好人，米开朗琪罗总得给点儿面子，加快他的速度吧。

  于是，教皇身边那个凶神恶煞般的掌礼官赛那斯来到了西斯廷教堂，奉命作这幅天顶画的监工。刚到的几天，赛那斯只找米开朗琪罗的助手们的麻烦，一会儿说这个搬脚手架不卖力，一会儿骂调颜料的慢条斯理磨洋工，地上的助手一个个都被他骂遍了。如果你要知道什么叫"狗仗人势"，赛那斯便是最典型的样板。那些助手们不敢跟掌礼官对着干，手脚确实比先前麻利了一些。

可是，那天顶画最终还得米开朗琪罗和他几个学生一笔一笔抹到天花板上去呀，那些最关键的部位，学生们也不敢动笔，只好站在一旁，看着米开朗琪罗一个人动手。地上的人再卖力，也无济于事，头顶上的画还是在慢吞吞地进行，这可把掌礼官气了个半死。

赛那斯终于忍不住了，他时不时把脖子仰起来，去看米开朗琪罗那只拿画笔的手。咳！那个傲慢的家伙明明可以快一点儿，却偏偏东抹一笔，西抹一道，临了还要眯着双眼瞧上半晌，才肯再添上一笔，简直是在绣花。像这样画法，到哪一天才能完工呢？

"喂，画师先生！"赛那斯直着嗓子朝20米高的脚手架吼起来，"人家说砌墙的一天能砌好一堵墙，三天砌一堵也不算慢，我看你砌上十天还要说是快的。架子那么高，你要修身养性就下来，免得跌了个倒栽葱，跌到了地狱里，落得个永世不得翻身，就连教皇陛下也搭救不了你。你听到我的话没有？"

米开朗琪罗这几天听到赛那斯骂助手，心中早就生了气，本来不想耽误了画的进度，不跟他啰嗦。现在，听他把自己画画跟砌墙相比，还抬出教皇来吓人，咒自己要下地狱，不由得发起火来。他朝架子下瞧了一眼，看到了赛那斯那副既阴险又残忍的嘴脸，正想回敬他几句。突然，一种灵感在心头升起：这种对艺术一无所知的家伙，只会仗势欺人，跟他较劲白费了自己的精神。不过，他倒是天顶画的一个好模特呢。想到这儿，米开朗琪罗不由得仔细地察看了赛那斯几眼，又一声不吭地继续慢慢作他的天顶画了。赛那斯没有了吵架的对象，只能在架子下面生闷气。

米开朗琪罗没有因为脚手架下有一个粗暴无礼的监工而影响自己的艺术创作，他依然一丝不苟，慢慢地完成自己的天顶画，赛那斯这以后虽然又发作了几次，但每次米开朗琪罗都对他不理不睬，有时候只给他一个轻蔑的笑容。赛那斯觉得在这里实在无事要做，便常常借口有其他事，索性不来监工了。

就这样，米开朗琪罗整整辛苦了4年，那幅天顶画才基本完成，这个大工程不仅花了他4年心血，还累得他腰也弯了一截。天顶画即将完工时，那个监工忽然又来到西斯廷教堂，他也知道天顶画将是件传世佳作，自己虽然不懂画，但总是个监工吧，没有功劳也有苦劳，沾上点儿光该是天经地义的事。

正当他得意地仰着头观看这幅恢弘的巨作，盘算着怎样在这上面加进自己印记的时候，他忽然发觉米开朗琪罗的助手们正在一旁窃笑。他们一会儿瞧瞧自己，一会儿又把眼光投向画面的一角，仿佛发现了新大陆似的。赛那斯顺着助手们的眼光瞧去，他看到天顶画的地狱部分，那个残暴阴险的、被打入地狱的米诺斯居然十分眼熟，细瞧之下，才明白米开朗琪罗画的便是自己。啊呀！天顶画倒真的留下了自己的印记，不过画上去的却是一个坏蛋的脸，一个该入地狱的形象。

赛那斯不甘心自己受到这遗臭万年的侮辱，急急忙忙跑到教皇面前去哭诉。正巧，教皇刚刚接见过米开朗琪罗，脑子里还存留着米开朗琪罗辛苦4年而变得衰老的形象。他不能再去责备那位卓越的艺术家了。艺术家为天顶画作出的牺牲和贡献谁也无法替代。至于赛那斯嘛，他最多是教廷一条忠实的守门犬，守门犬到处找得着，米开朗琪罗普天下可只有一个！

·拉斐尔借神画人·

1483年，拉斐尔诞生于意大利北部的乌尔比诺城，他父亲是这个公国宫廷里的画师。他从小学画，12岁时就能画出圣经故事的连环画，显示了丰富的创造意识。后来，他跟随好几位名师学画，最著名的，要算佩鲁贾的佩鲁吉诺、大画家维提和艺术大师达·芬奇等人。他的圣母系列绘画和《雅典学派》等著名作品，是人类绘画史上的杰作。可惜他37岁时便英年早逝。那一天，1520年4月6日，正是他的生日。

拉斐尔确实画了许多宗教题材的画，这是当时许多画家钟爱的题材。但是，虔诚的宗教信徒们，心中的圣主、圣母、圣徒，是高高在上的幻影和偶像，故而画出的形象也总是苍白无力、头戴光环、木偶般的固定格式。拉斐尔却不一样，他画的神和圣徒都变成了现实生活中的人物，一个个有血有肉，雄伟俊秀，充满着人间的情感。他不是为宣扬宗教教义而画，而是借神的名义，画出人间风情。

拉斐尔是因《圣母的婚礼》一作名声大震的，画中的圣母已经是端庄、温柔、秀丽、健康、纯洁的女性形象。后来，他把圣母主题扩展成一个系列，有《草地上的圣母》、《椅中圣母像》、《西斯廷圣母》等，而《花园中的圣母》更能体现出他借圣母之名，画人间母性形象的特点。此画在拉斐尔一系列圣母像中最为有名。

有一天，拉斐尔在花园里散步。春光明媚，鸟语花香，这使他心旷神怡。五彩缤纷的花朵使他目不暇接。无意中，他看见园艺匠的女儿在花丛中剪枝。这个健康的劳动妇女，在劳动时呈现的美丽姿态立刻吸引了拉斐尔。他赶紧跑回家，取来画本，飞快地记录下园艺匠女儿的形象和神态，由此便画出了《花园中的圣母》这幅传世名作。

这幅画里的"圣母"，在百花丛中，稍稍倾身坐着，照看两个正在嬉戏的孩子。耶稣正倚在圣母的怀里，站在圣母脚上，圆圆的脸蛋朝上仰，眼睛凝视着母亲，顽皮而惹人喜爱。圣母用一只手扶着他，用微笑跟他交流。圣约翰靠在圣母右侧，他的双眼，正温柔地瞧着耶稣。圣母背后，远处是一派优美的田园风光，蔚蓝的天空上，片片白云在飘动。在和谐、幽静的诗情画意中，一幅人间的母子行乐图，显得那么令人神往。

整幅画简洁明朗，色调柔和，圣母的形象跟其他的圣母画一样典雅端庄，是现实生活里活生生的慈母形象，反映出人间的幸福，比起教会宣扬的天堂和来世，要真实美好得多，这便是文艺复兴思想在美术作品中最好的体现。又由于这幅画的圣母形象来自生活中的具体人物，它又被称为《美丽的女园丁》。这个名字，更加表明了拉斐尔作画的本意，他不是为宗教画圣母，而是为现实社会描绘真实的人。

当然，拉斐尔的画绝不是清一色的宗教题材，他曾为罗马的签字大厅创作了一幅壁画，名为《雅典学派》。在画中，古代希腊、罗马的著名学者38人云集一堂，热烈地讨论着学术问题。在一间高大庄严的古典厅堂中，拱门右壁上雕刻着雅典智慧女神雅典娜，左边是太阳神阿波罗。柏拉图跟他学生亚里士多德在走廊边走边谈，台阶上站着苏格拉底、毕达哥拉斯，甚至还有波斯教主琐罗亚斯德，他们似乎在争论什么问题。整个壁画场面宏大，每位学者都各有特性，人物众多，多而有序，确实是人类绘画史上的一幅杰作。在这幅画中，拉斐尔已经不再取材神话，而直接歌颂着人类的骄子们，同时也讴歌了科学、自由和民主。

·贝尼尼童年的惊人之作·

　　乔凡尼·洛伦茨·贝尼尼是意大利17世纪著名的雕塑家，他的雕塑艺术是西方雕塑史上的重要里程碑。

　　1598年12月，贝尼尼出生在意大利那不勒斯。他的父亲就是一位有名的雕塑家。贝尼尼小时候就对雕塑有着极大的兴趣，每次父亲在进行雕塑工作时，他就坐在一边，双手托着下颌，默默地看着。父亲工作多长时间，他就看多长时间。

　　7岁时，贝尼尼已不满足只在一旁看了，经常围着父亲叫着："我也要干，我也要干嘛。"

　　父亲总是说："你还小，等你长大了，我再教你。"

　　不管父亲怎么说，小贝尼尼也不听。他常常学着父亲的样子，和父亲一块干。天长日久，他居然干得有模有样了。有时干累了，父亲就给他讲古希腊神话故事，这些故事激发了天才艺术家的早熟。

　　一天，父子俩又坐下来休息，贝尼尼又缠着爸爸讲故事。父亲点点头，慢声细语说了起来："古希腊的时候，有个小孩叫阿玛尔，有一天他上山放羊，遇到了两只恶狼。恶狼咬死老山羊，又要来咬小山羊。为了不让恶狼咬小山羊，阿玛尔抱着小山羊爬到一个巨石上面，他紧紧地护着它。两只恶狼爬不上去，只好在下面等着。从白天到晚上，阿玛尔一直保护着小山羊。后来，他们就变成了一座雕像。"

　　贝尼尼被这个故事深深地感动了，他的脑海中常常出现那个孩子和小山羊的画面。

　　第二年，贝尼尼8岁了，他跟在爸爸后面学到了不少雕刻技术。有几天，父亲老不见他人影，不知他跑到哪儿去了。父亲太忙，也就没顾上多问。

过了十多天，贝尼尼忽然来到父亲身边，对爸爸说："我有一件雕塑，请您看看。"

父亲以为他说着玩的，随口说道："这几天你玩到哪儿去了，我正要找你算账呢！"

"我在后山坡作雕塑。"贝尼尼说道。

父亲一惊，赶忙跟着贝尼尼来到后山坡，果然看见儿子创作了一件小型雕塑作品。这个作品就是根据他讲的那个古希腊的故事创作的，一个孩子屹立在一块巨石之上，双手搂着一只小羊，山风吹乱了他的头发，两眼望着远方。

"这是你雕刻的？"父亲不敢相信。贝尼尼点点头，说："是我这几天才雕成的。爸爸你看看像不像？"

"像！像！"父亲高兴地抱起儿子，激动地说，"我的小贝尼尼也会雕塑作品了！"

贝尼尼的第一件作品《阿玛尔和山羊》，后来被许多专家错误地认为是件大约1000多年前的古代作品。这件作品完成之后，贝尼尼又创作了第二件作品《男孩与蛇》，这件作品也是取材于希腊神话。它表现的是婴儿赫列克里斯扼死了爬到摇篮里的毒蛇。这件作品当时被作为礼物赠送给了西班牙国王菲力普五世。

贝尼尼20岁时，已成为了一名著名的雕塑家。一次，红衣主教斯瓦奥涅找到贝尼尼，请他雕一座历史上圣马伦罗被活活烧死的雕塑。

为了逼真形象地反映当时圣马伦罗被烧死的形象，他仔细研究了那段历史。原来，异教徒的城市长官命令圣马伦罗交出他的教堂所有财产，被圣马伦罗拒绝了。这下惹怒了异教徒的城市长官，把圣马伦罗关进铁篦子活活烧死。

年轻的雕塑家贝尼尼非常重视刻画表情，为了真实表现圣马伦罗的表情，他把自己的腿伸进火中，然后通过镜子记下自己脸上痛苦的表情。

贝尼尼用这种办法感受生活，使作品更加充满了活力。作品完成后，引起了轰动，人们称赞贝尼尼的艺术，更称赞他对艺术的刻苦追求。

贝尼尼先后创作了许多惊人之作，使自己名声大震，成为那个时期赫赫有名的雕塑家。

·伦勃朗晚年改画·

伦勃朗是17世纪荷兰杰出的画家，他生于1606年，死于1669年。一生里创作了大量的油画、素描和铜版画，他以人物画见长。他最善于捕捉人物在一瞬间的神情，表现人物内心状态，反映时代的特征。他的代表作品有《夜巡》、《戴金盔的人》，还有一系列表现自己日常生活的油画《自画像》。

那个时代，油画作品很多题材是取自圣经故事。早期的圣经画，大多只为传道之用，所以人物缺乏性格，连人体比例都不甚正确。到文艺复兴时期，画家虽然也画圣主、圣母、圣子、圣徒，但反映的却不是被供奉的神，而是世俗的生活和精神了。从内容到构图，都是活脱脱的人间社会的反映。伦勃朗更是这样。

伦勃朗曾经根据扫罗和大卫的故事，创作过一幅最著名的圣经题材油画，最能够体现出从神到人的变化。而且，这幅画从初画到修改，经历了几十个年头。从青年时代的初稿到晚年的再创作，更能体现出人文主义精神在绘画史上的发扬光大。

《圣经》上曾记载过以色列国王扫罗和英雄大卫的故事。大卫为了国家和民族的生存，曾经立下赫赫战功，受到犹太民众的爱戴。不仅如此，他还能以琴声替国王扫罗治病。只要听到大卫轻快优美的琴声，扫罗患的癫狂症就会得到缓解，因此，国王扫罗也离不开大卫。

但是，国王却因为妒忌大卫的功绩和在民众中的威望，怕他篡夺自己的王位，一心想除去大卫。有一次，扫罗的狂疾又犯了，大卫给他弹琴。扫罗突然举起枪，朝大卫猛刺过去，连续几刺，却都无法刺中。

伦勃朗画的，便是扫罗举枪猛刺大卫的一刹那。画上的扫罗，满脸杀气，正举起枪来，仿佛就要刺出那忘恩负义的卑鄙一枪。扫罗的癫狂，扫罗的凶残，都凝聚在他定格般的表情里。伦勃朗对自己的画十分满意，认为这是自己最好的一幅圣经故事画，体现出了圣经故事的寓意，也代表了自己绘画技术的水平。

岁月匆匆，到了晚年，伦勃朗渐渐对自己这幅画不满起来。他不顾年老体弱，花了几个月的时间，重新画了一幅内容相同的画，完全改变了原来那幅画的精神。

在新画上，突出了大卫。虽然大卫曾经替国家和人民作过那么大的贡献，虽然他也知道替扫罗治病会冒多大的风险，但是，他神态宁静，依旧聚精会神，弹着他的曲子，忠厚正直的脸上，洋溢着甘于为别人奉献一切的虔诚。

而扫罗的脸上，却呈现出十分复杂的表情。他一边听琴，一边掀起头巾，抹拭着纵横交错的泪痕。他知道，失去了大卫，不仅国家，连自己也无法生存，但是，他的臂弯上，却斜斜搁着一支锋利的长矛，只要投出长矛，他的心病便可以除去，背朝他坐着弹琴的大卫无论如何抵御不了这从背后投来的凶器。伦勃朗就是这样，把扫罗刹那间的矛盾心态，描绘得淋漓尽致。

新的油画，不仅表示伦勃朗已经不再拘泥于《圣经》中本来非常神圣的绝对不能改变的内容，大胆地加入了自己的创造。而且，还证明了一个道理：人的精神世界是十分复杂和隐蔽的。一位真正的画家要从多个角度，去揣摩画中人物的思想活动与行为举止，才能创作出与众不同的伟大作品。

·巴赫辞职·

　　巴赫是西方音乐的光辉起点。他于1685年出生在德国一个音乐世家，10岁的时候，他父亲去世，巴赫只得去投靠弹奏管风琴的哥哥。哥哥家庭也不富裕，巴赫在学琴之余，只得去参加在街头卖艺的"乞丐歌童队"。巴赫是个音乐天才，很快进入乐队担任演奏员，并写出了许多乐曲。他的《G弦上的咏叹调》、《勃兰登堡协奏曲》、《马太·受难曲》等都是传世的经典。他晚年双目失明，死于1750年。

　　1703年，阿恩斯塔德宫廷来了一位年轻的小提琴手巴赫，他技艺娴熟，很快便成为了乐队里的主要乐手，大家都觉得他前途无量，乐队也十分看重他。

　　不想过了不久，有巴赫参加的教堂活动中，唱诗班的伴奏音乐常常出现新情况，缓慢舒展的圣歌，常常出现新的变奏旋律。那些陌生的音乐，大多是小提琴手增添的。内行的人听得出，这些变奏更好地抒发了圣歌的感情，但在宗教人士听来，这些陌生的声音只会让公众变得惊慌失措。小提琴手巴赫的所作所为，显然违背了虔诚教徒应守的戒律，是对神圣音乐的亵渎。

　　为了这件事，宫廷的主管不只一次训斥过巴赫，要他注意自己的演奏，千万不要违背清规戒律，免得招来麻烦。这位年轻人却总是一言不发，从沉默中透出一丝倔强。

　　事情并没有了结。1705年，德国管风琴大师布克斯台胡德到吕培克演出，巴赫请了假，步行到吕培克去听音乐会，为了多听一场，结果超过了假期。回来以后，又把自己的表妹带进教堂参加唱诗班的排练。这一下，可是捅了马蜂窝，阿恩斯塔德的宗教裁判所立即开庭审讯巴赫，指责他违反教规，胡乱演奏圣乐；超假外出影响唱诗班训练；还说他违背教规，把陌生的少女带进教堂唱歌，按教规，"在教堂中妇女应缄默"，他居然让少女唱歌。

在法庭上，巴赫据理力争，一一驳斥了那些诽谤，并当场提出要辞职。这一下，捅的娄子更大了。巴赫虽然是个提琴手，在阿恩斯塔德宫廷里，实际上却是个奴仆，宫廷里有本人员名册，巴赫的名字就列在"仆役"一栏中。一个低下的仆役，居然在宗教法庭上大吵大闹，还说要"辞职"！他有什么职可辞的？

可是，巴赫奏的曲子，充满着人世间丰富的情感和乐趣，比起原来死板的禁欲主义的调子，确实感人多了，说它不对，也没道理。法庭上，双方争辩了半年，宫廷才不得不同意巴赫辞职，条件是巴赫从此不许踏进阿恩斯塔德半步，算是"驱逐出境"。

巴赫巴不得离开这鬼地方，立即到魏玛宫廷担任了管风琴师兼乐长。可是，天下乌鸦一般黑，魏玛公爵跟阿恩斯塔德的王公贵族们一模一样，也没把巴赫当人看。巴赫只是个市民出身的乐师，哪里会有什么社会地位和人身保障呢？巴赫后来又跟魏玛公爵干上了，还口口声声要辞职不干。

结果，公爵非但没批准他离职，还下令把他关进了大牢，惟一的罪名是"由于其倔强的表现，强行要求辞职"。这种不成罪名的"罪名"在当时却是"天经地义"的道理。巴赫当然无法幸免，在大牢里呆了整整一个月。

身陷牢狱，巴赫没有一点沮丧。他信心十足，不肯耽误时光。监狱里没有任何乐器，他便凭自己的想象，开始在脑子里构思乐曲，写下了他著名的《管风琴小曲集》。最后，小人物终于战胜了强大的公爵，他又一次被"驱逐"出了魏玛。

·斯卡拉蒂与《小猫赋格曲》·

意大利有个作曲家叫斯卡拉蒂，他一生创作了许多乐曲。可他有个嗜好，喜欢饲养小猫小狗。

1700年，他创作了有名的《小猫赋格曲》，关于这首乐曲，还有一个有趣的故事呢。

有一天，斯卡拉蒂正在院子里沉思，想获得一个主题，创作一首新曲。

这时，来了一个要请他授课的学生："老师，我今天来上课。"

学生连说了两次，斯卡拉蒂都没听到，他还沉浸在乐曲中，直到学生又大声地说了一遍，他才从乐曲中跳出来，思路完全打断了。

斯卡拉蒂朝他摆摆手，说："请先到琴室里坐一会儿，我待会就来。"他想在上课之前，想好这个主题。

那个学生还没有走进琴室，就听见琴室里传来一阵小狗和小猫冲突的声音。那狗气势汹汹地要逮猫，猫气呼呼地要逃避，当狗拼命追赶时，小猫突然身子一纵，跳到了大键琴上。狗吃了一惊，竟在琴下翻了一个筋斗。

小猫为自己的胜利兴高采烈，乐得在琴上大跳起来，它先是一足踏在白键G音上，"当——"的一声，它感到一怔，立即把足移到黑键上，随即发出下列几个音：中央C下方的降B音，中央C上方的降E，升F，降B及升C，这6个音组合成一个乐句。

斯卡拉蒂听了，立即从院子里冲进琴室，狂喜地大喊道："你找到它了！我的好猫咪！这就是我要找的主题！"

斯卡拉蒂急不可待地立即开始写作乐曲。把在一旁等候的学生吓了一跳，以为老师犯了什么毛病。斯卡拉蒂早把来上课的学生忘到了脑后，他全身心地投入在创作中，直到学生轻轻叫道："老师，什么时候给我上课呀？"

这时，斯卡拉蒂才醒悟过来，连声说："实在对不起，今天我不能给你上课了，请你明天再来吧。"

第二天，那个学生又来到斯卡拉蒂家。斯卡拉蒂高兴地把写好的乐曲拿给他看，一边在大键琴上弹奏起来，这就是有名的《小猫赋格曲》。

斯卡拉蒂创作出了《小猫赋格曲》后，更加喜爱他的小猫了，他为能从小猫身上获得灵感而感到高兴，就常常盯着小猫和小狗看。一天，斯卡拉蒂坐在院子里，看小狗和小猫一块儿玩耍。它俩相互追逐、嬉闹，旋转着跑个不停，小狗的尾巴时常拖在地上，扫过来扫过去，有趣极了。

看着看着，斯卡拉蒂忽然灵感大发，拿过身边的纸，刷刷地写了起来。不一会儿，一首《狗的圆舞曲》写成了。他立即回到琴室弹奏起来，一边奏，一边修改，很快，又一首著名的乐曲创作出来了。

·维瓦尔第和《四季》·

意大利作曲家维瓦尔第诞生于1678年，他曾经是位神职人员，但是由于他对音乐的热爱，很快离开了神职人员的职业，转而从事于作曲和演奏。他的小提琴协奏曲《四季》，是世界音乐爱好者熟悉的优秀作品，音乐史上宝贵的遗产。

18世纪初的一天，意大利的一座教堂正在举行弥撒，牧师和男女信徒们一个个虔诚地低头肃立，听着唱诗班吟唱着圣歌，教堂里一片肃穆。照理说，这时候，在场的所有的人，特别是那些神职人员，个个心里，应该是非上帝不思，人人口中，应该是非上帝不颂，方才显出他们是上帝最诚实的子民。

可是，就在那一列神职人员之中，有一位满头红发的神甫，却跟他人想法不同。从表面上看来，他跟别人没有两样，可是，在他脑际里，却回响着一个优美的音乐乐句，那是描写意大利明媚春光的一句旋律，正从一把小提琴的四根弦上响起，一遍又一遍，让人挥之不去。

这位红头发的神甫，便是维瓦尔第，他为了生计，到神学院学了数年，便被派到教堂做神甫。20多岁的他，当神职人员时间太短，一年还未满，照例应该是诚惶诚恐，小心翼翼，做起弥撒来，不敢心有旁骛，但是，他却在脑子里构想着一段小提琴曲，实在是对上帝的大不敬。

这位神甫对音乐的热爱，超过了对主的景仰，他只希望弥撒快点结束，以便他可以找一张纸，一支笔，把刚才忽然萌发的灵感记录下来。要知道，音乐这东西，转瞬即逝，要再把它找回，就不那么容易了，那该是一个多大的损失。

偏偏这弥撒没完没了，嗡嗡的祷告声又把维瓦尔第搅得心烦意乱。他实在忍受不住了，便偷偷往四周窥探了一番。还好，自己这位新来的神甫，站在最不显眼的地方，只要后退一步，便可以离开人群。左手有一间小小的忏悔室，他记得里边应该有纸有笔。

于是，维瓦尔第悄悄地退了一步，又踏着比猫还轻的步子，走进了那间小屋子，用平生最快的速度，打好五条线，又在上边加上音符，完整的形式就不必写了，只要把那些优美的旋律写下来便行。写完曲谱，他立即低着头，又轻轻地走回队列。嘴里念着上帝，心头却依然响着那春天的乐曲。

起初，维瓦尔第还有点儿担心。过了一天，谁也不提这件事，他这才放下心来，觉得自己把事做得小心，没被人发觉。更令人欣慰的，是那主旋律已经发展成一大段优美的春之歌，这个险没有白白地去冒。

哪知半个星期之后，在第二次弥撒开始之前，主教忽然把维瓦尔第叫到了人群面前，当众责问他，上次弥撒时中途到哪儿去了。维瓦尔第立即意识到，有人已在主教面前告了密，他不会撒谎，便原原本本把事情经过当众说了个一清二楚，反正他觉得，去小屋里记下一段神来之笔似的乐曲，并不是件丢脸的事。

不料他还没把事情说完，主教立即勃然大怒，指责他在敬神仪式上去干不相干的事，是对神大大的不尊重，亵渎了教堂圣地，并立即宣布，从此不许他参加弥撒，实际上相当于革去了他神甫一职。

于是，维瓦尔第当了神甫不到一年，便被逐出教会。这对他也许不是件坏事，从此他便走上创作乐曲之路，成为一名出色的作曲家。他在教堂里作弥撒时找到的灵感，也发展成春、夏、秋、冬四段小提琴曲，并编写成一首出色的小提琴大协奏曲《四季》，因为他曾担任过神甫，又有满头红发，在音乐界里，他便得了一个绰号——"红发神甫"。

·罗西尼当场改曲·

罗西尼1792年生，是意大利著名的音乐家。他因为歌剧《塞维利亚的理发师》谱曲而闻名于世。但是，在他37岁时，即1829年时他就退出了乐坛，他的许多事迹，是音乐界的不解之谜。

1813年，那不勒斯正在演罗西尼的歌剧《谭克雷迪》，特意让作曲家到场指导和观摩。剧团是有名气的团体，扮演女主角的歌唱家更是名闻意大利。那不勒斯的观众，觉得应该有一出好戏欣赏了。

从外边看来，剧团热热闹闹排戏，赶制布景，一切都进行得十分顺利。但只有团里的人才知道，在这外表掩盖下，团内正隐伏着一场危机，弄得不好，就会像突然喷发的维苏威火山一样，把整个庞贝城都埋得结结实实。

问题出在那个女歌唱家身上。从她拿到剧本和歌谱的第一天起，就在背后嘀嘀咕咕，嫌这嫌那。别人知道她历来如此，也没人去理她，气得她干什么事都找别人的茬儿，动不动就生气发火。

后来，她主动出击，找到团里的头儿，说安排给她的唱段不够完美，她唱着很不舒服，如果让她演唱，必须让作曲家修改这段咏叹调。那一段主要的咏叹调，写得实在拙劣，谁去唱都会损害形象。要么干脆把那段咏叹调删去了，要么请另一位重写一段，否则她真不想在团内干下去了。

团里的头儿开始时只当她使小脾气，便索性灭了她的劲头，一口回绝了她的无理要求。本来，一个剧本是个整体，别说是这样重要的唱段，就是别的唱段和台词，也不能随随便便删去。至于说请另外一位音乐家来重写，那简直是开玩笑。

没料到，这一回那个女主角却是动了真格的。第二天，她没来排练，却派人送来张纸条，宣布不再参加《谭克雷迪》一剧的演出。团里要怎么办便怎么办，反正她不在乎，凭自己的本事，就是去一个乡间剧团，一口饭总也能混得着的，何况某某剧团已经跟她有过接触，她还念着剧团，没有给他们回音呢。哎呀，女人要是发起脾气来，真拿她没辙。

这一下，整个剧团立即乱了套。女主角在公演前两天突然撒手不干，就是有现成的演员，临时顶也顶不上去。票已经卖光了，而且还请了那不勒斯市政厅的头儿和市里的那些名人，后天不演怎么行？

团里的头儿赶忙到旅馆跟女主角谈判，看有没有转弯的余地。可是那位歌唱家却把牙咬得死死的，要么删，要么改，否则的话，免谈。急得头儿坐也不是，立也不是，只能走回剧院，另想别法。唉！哪里还有什么办法呢？剧团这一次算完蛋了。

也不知是谁提出了一个办法，剧团不是请了罗西尼吗？去求求他吧，只要罗西尼答应把咏叹调改上那么几句，回来给那女人，或许她会觉得有了面子，就肯登台了。话还没说完，许多人就觉得这要求太过分。凡是出了名的作曲家，要面子比那女主角还要厉害，罗西尼的脾气古怪是出了名的，他肯改？

剧团的头儿思来想去，恐怕也只有这一个办法了。咬了咬牙，带了两个能说会道的人，径直来找罗西尼，请他把那段咏叹调改一改，让这次演出增添一点儿新鲜气氛。

没想到罗西尼这一次比谁都好说话。听完众人的解释，二话没说，拉过五线谱纸，当场就重新给咏叹调谱上了新曲，前前后后，只花了不到五分钟的时间。

剧团的头儿忐忑不安地拿着新曲谱又登上了女主角的门，心里直打鼓，怕在这儿又遇上麻烦。那女主角接过曲谱，只哼了开头几句，脸上便绽出笑容来，剧团头儿这才一块石头落地。感谢上帝，难关总算过了。

演出的时候，女主角心里高兴，那段咏叹调唱得格外卖力，听众也因为改了谱，感到十分新奇，一段唱完，剧院里爆发出热烈的掌声。从此以后，所有演这出戏的剧团，都按新的曲谱演唱那段咏叹调了。

·交响乐之父海顿·

弗朗兹·海顿是奥地利南部卢劳附近达努贝村人，1732年出生在一个制车轮的匠人家里。童年时在唱诗班当领唱，又当过仆人。但是，凭着他的天赋和努力，终于成为有名的指挥和作曲家。他一生写过108部交响乐，平均不到一年便有一部乐曲诞生，因此被称为"交响乐之父"。

海顿曾有30余年在匈牙利公爵埃斯台哈奇的宫廷里当乐队长的经历。埃斯台哈奇还算是一位比较懂得音乐的贵族，当时的乐队，都是由贵族私家组织的，乐师们根本没有半点儿自由，完全像贵族的仆人一样，一切都要听贵族安排。就是埃斯台哈奇这样比较开明的贵族，也不把乐师们的感受放在心上。一连三年，他只顾自己的需要，在圣诞节时硬把乐师们留下，替自己奏曲子，乐师们都想尽快回家，好跟亲人们团聚，但总是无法实现。

第四年，圣诞节又要到了，乐师们又提出，请海顿向公爵请求一下，今年的圣诞节，让他们回家与家人团聚一次，到新年那天，他们一定回来。想不到海顿跟公爵提起这事，埃斯台哈奇立即勃然大怒，宣布圣诞节之前，他要组织一次聚会，如果大家认为不必参加20日的音乐会，他就要解散乐队。

这可是一记杀手铜，乐师们都要靠在乐队的演出收入养家糊口，如果公爵真的一怒之下解散了乐队，他们就要失业。在那个时代，得罪了公爵等于断了生路，再要去找一个职业，实在困难。海顿的名头不小，他或许还可以另外到别处去担任指挥，乐师们却不知自己到哪里才能找到合适的饭碗。

海顿只能对公爵说："好吧，20日就举行一次晚会，我写一个新曲子，最后的决定，请大人决定。"埃斯台哈奇不知他有什么计谋，只觉得海顿已经让了一步，同意在圣诞节前搞一次演出，自己也就满足了。

接连几天，海顿把自己关在屋子里，很快地写出了一首交响乐。随后海顿找来几位乐团里的主要乐手，商量了一会儿。大家分头找各位乐师，传达了海顿的意思。到第二天，乐师们立即集中在一起，认真地排练起新的交响乐来，那认真的程度，让公爵府上上下下的人都非常感动。

20日夜晚，埃斯台哈奇府里人头攒动，公爵把所有能请到的客人都请来了，还告诉客人们自己的乐队今天由海顿亲自指挥，乐队长本人还有一支新的交响乐奉献给大家，请大家一定要注意那最后一支曲子。

音乐会开始了，起初都是些大家十分熟悉的老曲子。那些曲子平庸、肤浅，都是每一场音乐会都不可少的老调子。好像不演奏这些曲子，就不能成为一场标准的音乐会似的。有些听众小声议论，有的人索性闭目养神，等候那一曲最后的交响乐。

海顿的新交响乐终于开始了。开头的一段似乎并没有多大的变化，不过比原来那些曲子生动活泼一点儿。然后是一段激烈一些的快节奏乐曲，足以让在座的所有听客都振奋起来，但是，接着的乐曲却出现了一些骚动不安的旋律，似乎是一个人在诉说内心的不安。

最后的那一段却让所有的人都感到十分新奇。乐队的各种乐器轮流充当旋律的主角，演奏了一段乐曲之后，熄灭了自己谱架上的蜡烛，在黑暗中悄然离开舞台，小号走了，长笛不见了，竖琴只留下一组平行线。最后，只有两位小提琴手在台上演奏。在一段哀怨缠绵的乐曲之后，小提琴手也熄灭了蜡烛，跟海顿一同走进了后台。

真是奇妙极了，听众们发出热烈的掌声。埃斯台哈奇的心中却充满苦涩。好个海顿，居然用交响乐来说话，看来，要解散乐队，实在不上算。这么好的乐队从哪儿找去！好吧，今年的圣诞节只能放假了。

·大卫和《马拉之死》·

　　雅克·大卫1748年诞生在巴黎一个商人的家庭。他18岁进入艺术学院学画，很快就表现出过人的艺术才能。1784年，他选取古罗马的历史题材，创作了著名的《荷拉斯兄弟之誓》，反映出人民大众的英雄气概。这幅画作为法国艺术珍品，至今仍保存在巴黎的卢浮宫艺术馆内。而他的另一幅著名油画《马拉之死》则体现出他的革命家立场，这幅画被收藏在布鲁塞尔博物馆。1825年大卫因车祸逝世，但是，因为他是雅各宾党人，复辟的路易王朝不准将他的遗体从布鲁塞尔运回国内安葬，直到1830年路易复辟王朝推翻之后，他才得以归葬至巴黎拉雪兹公墓。

　　雅克·大卫是法国革命运动的领袖之一，1790年他加入雅各宾俱乐部，担任了国民公会的议员，投票赞成处决法国国王，是艺术界革命党的领导人。

　　1793年7月13日，雅各宾党的领袖之一、《人民之友报》的主编、著名的物理学家马拉在自己的寓所被吉伦特派的杀手暗杀。这一天，大卫正担任国民公会的执行主席，听到噩耗之后，他立即赶到马拉家中，视察了马拉被害现场，并当场选择了一个最佳角度，勾勒出马拉牺牲现场的素描，在纸上，他签上了一行字："献给人民之友——马拉。"

　　这以后，一连好几天，马拉被害的情景一直留在大卫的脑际。他又想起，7月12日还去探望过病中的马拉。当时马拉患的皮肤病很严重，他只有泡在温水中，才能减轻一点儿痛苦。大卫去的时候，马拉正浸泡在浴缸中。浴缸边放了一张椅子，他正伏在椅子上办公。

这一切，都深深打动了大卫，他用了三个月，抱着深厚的革命者的情谊创作了一幅油画，这幅油画，便是不朽的名作《马拉之死》。它真实地再现了历史性画面，热情地赞颂了马拉这位法国大革命时期的英雄人物以身殉职的壮烈情景。

《马拉之死》的上半部是黑暗的空间，烘托出整个画面，呈现出悲壮的氛围。主人公马拉裸着上身，躺在浴缸之中，正在疗病。胸口一处致命的伤口流着鲜血，染红了缸中的水。马拉头向后仰，面对着观众。

刺客行凶时，马拉正在办公。他左手拿着一封信，上面写的是："1793年7月13日，安娜·科尔黛致信公民马拉。我十分不幸，完全有权得到您的同情……"刺客就是借口递送这封求助的信，才得以接近马拉，实施罪恶计划的。

一旁的椅子上，放着一瓶墨水，还有一封刚写完的信。信是马拉刚刚拟定的，上边写着："你把这张五法郎的纸币转交给五个孩子的母亲，孩子的父亲为保卫祖国已经英勇献身……"马拉的右手还紧紧握着一支鹅毛笔，他刚才还在写那封信。地上有一柄匕首，那是凶手的凶器。

这是一幅特殊的画像，简洁而庄严，悲壮感人。展示出一位革命领袖的伟大胸怀：他英勇顽强，身罹恶疾还坚持工作；他热爱人民，关心着每一位需要帮助的人，但他独独忘记了自己，忘记了自己的病痛和安危。画面给人深刻鲜明的印象，也体现了画家鲜明的政治立场。

法国大革命波涛汹涌，大卫始终带着这幅他最爱的画经受着浮沉。波旁王朝复辟，他进过监狱；拿破仑执政，他担任"首席画家"；波旁王朝再度复辟，他只得出亡比利时。但他始终把画放在身边。他在布鲁塞尔罹车祸身亡，这幅不朽名画便被当地博物馆收藏，保存至今。

·神秘的《安魂曲》·

莫扎特（1756—1791年），奥地利作曲家，作品有交响乐49部、歌剧《费加罗的婚礼》等。

这位著名的作曲家一辈子日子过得很是坎坷，他毕生勤奋，手不停笔地写啊写啊，但是就是摆脱不了贫困。加上妻子一直身体欠佳，可以这么说，在他活在世上的短暂的36年中，他没有过过一天好日子。

他的作品是多而又多，但是其中有一支曲子最终没有完成，它就是著名的《安魂曲》。说起它，还有一个神秘的故事呢。

这年是1790年，莫扎特的妻子因为身体欠佳，去了巴登温泉养病，莫扎特则独自一个留在家里搞他搞不完的创作。

这时的他，虽说年纪轻轻，但由于长期的穷困和劳累，也时不时地感到不适。他常常觉得眩晕，出现幻觉。

这天傍晚时光，屋外的太阳业已落了山，一片暮霭沉沉笼罩，只剩碧天云光的反照来辨别眼前景物。

莫扎特一个人坐在钢琴面前，丁丁冬冬地叩击键盘，他身体虽然不适，但是那些个音符还是始终在他的头脑里飞舞。他这一生本来就是为了音乐而活着的。

突然，隐隐约约中，他听见门外似乎有人在叩门。

"会不会是亲爱的康斯坦丝回来了？"莫扎特一下子想到了妻子。

他跳起身来，三脚并作两步，打开门来，没人，除了门外一阵清风，什么人也没有。

他失望地叹了一口气，关上门，又回到了钢琴面前。约莫过了有十分钟，门外又出现了叩门声，这次似乎重了一点儿。

"谁啊？有人吗？"莫扎特叫了一声，重新站起来去开门。

门外还是没人。莫扎特走出门外，四下张望，没人，的确没人。

"会不会是隔壁邻居与我开玩笑？"他心想，"反正家里穷得连老鼠也呆不住，也不怕小偷进门，我不如将门开着，免得屡屡让我站起来。"

他让门微微合着，再不上闩。

头脑里的音符乱成一团，他想理出一个头绪来，不一会儿，他已完全沉浸到音乐创作中去了。

骤然间，他觉得有点儿异样，直觉告诉他，屋里多了一个人，他抬起头来，只见房门口的门帘下，站着一个面色铁青、全身裹在黑袍子中的男人，他含含糊糊地说：

"好心的莫扎特先生……可怜可怜我，请为我写个安魂曲吧！"

莫扎特吃惊得站了起来，口吃地说："您……您是哪一位？"

那人重重叹了一口气，转过身去，马上消失在黑暗中了。

门依然微微合着，不像有人走进来过。莫扎特心悸未定，忙不迭将门关上了。

这个鬼魂一般的黑衣人莫不是冥途使者？莫扎特受了过度的刺激，一下子昏了过去。

等他醒来的时候，他已搞不清他所遇见的是实有其人呢，还是只是一个幻觉。

为了不致让这个神秘的黑衣人失望，莫扎特着手写《安魂曲》了。只可惜这时他的身体已经完全垮了，这支曲子不待写完，他就死了。最后，这首《安魂曲》还是由他的学生玖斯梅尔替他写完，了却了他的一桩心事。

后来有人传说，这个假扮冥使的人，是受一个爱好音乐而又十分浅薄的伯爵之托，目的只是想用莫扎特的作品，来假冒自己的作品而已。

·贝多芬和公爵·

在18世纪末的"音乐之城"维也纳流行着一种颇为时髦的风气，那就是一些显赫的贵族，喜欢在自己的客厅里，让一些知名的音乐家和演奏家为他们进行音乐表演，以此附庸风雅，显示自己艺术品位的高雅。

当时颇有名气的贝多芬常常被一些贵族们争相约请去演奏。

有一位叫利诺夫的公爵是当时最有钱的一位公爵，他的庄园大得望不到边。这位财大气粗的公爵最是好大喜功，喜欢开设各种各样的宴会，邀请那些名流贵族来到他的庄园中聚会。

为了装点门面，他总喜欢请一些当时著名的音乐家来为他的宴会助兴，而贝多芬则是他最喜欢邀请的音乐家之一。

有一天，利诺夫公爵的庄园里来了几个"尊贵"的客人。他们就是曾经疯狂地侵占过维也纳的拿破仑手下的军官。

利诺夫公爵对这几个"尊贵"的客人是热情得不得了，把庄园里最好的房间让他们住，还讨好地献媚道："不知几位长官是不是也喜欢听听音乐什么的？"

其中一个军官歪着脑袋想了半天，说："一般的音乐我是不听的。不过贝多芬的音乐还是可以听听的。"

利诺夫公爵一听说他们也喜欢贝多芬的音乐，立即喜出望外地说道："那就太好了，如今这位伟大的音乐家正好也在我家中做客，不知几位可想见见他？"

几位军官听说大名鼎鼎的贝多芬也在利诺夫公爵的庄园中做客，兴奋得差点儿没跳起来，他们立即用崇拜的口气对利诺夫公爵请求道："公爵先生，我们都是贝多芬的忠实听众，今天如果能在贵府上聆听他的美妙之音，实乃三生有幸。希望您能为我们引见一下。"

利诺夫公爵正愁没有机会巴结这三个拿破仑的军官呢，听他们一说，似乎只要让他们见一见贝多芬就是对他们的最大恩赐了，他当然是二话没说便应了下来。因为，利诺夫认为，贝多芬虽然也是一位伟大的音乐家，可是也不过是个要依靠自己混口饭吃的家伙，不会不答应他的要求的。

利诺夫公爵胸有成竹地对那三个军官说："你们放心吧，我不但会让你们见一见贝多芬，还要让他为你们演奏他最杰出的作品。"

这天晚上，利诺夫公爵特地为那三个拿破仑的军官举办了一场别出心裁的音乐会。他邀请了当时正好住在维也纳的几乎所有的著名音乐家，其中当然包括贝多芬。他特意把贝多芬的位子安排在那三个军官的旁边。

音乐会开始了，几位音乐家上台进行表演。台下，那三个军官便假惺惺向贝多芬表示了他们对他的崇拜之情。

其中一个军官赞叹道："贝多芬先生，您是我所认识的音乐家中最伟大的一位！"

另外一个随声附和道："是啊，我想这世界上再也不会有一个比您更伟大的音乐家了！"

还有一个又道："贝多芬先生，您是我们人类最值得骄傲的伟人！"

贝多芬听了这些话，不但对他们没有好感，反而恶心厌恶的感觉越来越浓。他皱皱眉道："如果几位真的热爱音乐，那么就请免开尊口吧，因为台上正有人在演奏最美妙的音乐。"

宴会到了最后，庄园主利诺夫公爵上台宣布道："下面有请最伟大的音乐家贝多芬先生为我们今晚最尊贵的客人——三位拿破仑军官演奏一曲！"

利诺夫此言一出，坐在台下的贝多芬脸色都变了，本来他只是以为那些不过是令人讨厌的俗人，没想到他们居然是侵略过维也纳的拿

破仑的手下。当即，贝多芬毫不客气地站了起来，怒斥道："公爵先生，您也是一位奥地利的公民，居然不知羞耻地叫我为这几个侵略者演奏。我可以明确地告诉您，无论如何，我都不会为侵略者演奏一个音符的！"

利诺夫公爵被贝多芬的一番话气得说不出话来，他的面子下不来，但又不愿意丢这个脸，所以软硬兼施地劝告贝多芬，让他意识到，如果今天晚上不演出，那么从今以后，他再也不会邀请贝多芬来他的庄园了。

贝多芬极为气愤，他怒气冲冲地站了起来，对利诺夫公爵抛下一句话："那我真是求之不得！"然后，他猛推开门，冒着倾盆大雨愤然离去。

贝多芬怀着满腔的怒火回到了自己的住所，一进屋，他就把公爵送给他的胸章扔出了窗外。然后，给公爵写了一封信："公爵，你之所以成为公爵，只是由于偶然的出身；而我之所以成为贝多芬，完全是靠我自己。公爵现在有的是，将来也有的是，而贝多芬却只有一个！"

·帕格尼尼与琴童·

　　19世纪意大利有位著名的小提琴演奏家、作曲家叫帕格尼尼。有一年冬天，帕格尼尼应邀到维也纳演出。这年冬天，维也纳特别冷，还没到下雪的时候，寒风就扫荡着大街小巷，人们匆匆而来，又匆匆而去，谁也不愿在街上停留。

　　在一个又一个街区，只有啤酒吧最热闹了。里面的欢声笑语不时从开了又关的门缝中溜到街上，给清冷的街道添了一点儿生气，跟"哒哒"驶过的马车声混合在一起，组成冬日街头的交响曲。

　　这时，帕格尼尼匆匆地走在大街上，他要赶回去填一填自己的肚子，顺便加上一件大衣。今天晚上，天气恐怕会更冷。身处异国他乡，生起病来可就麻烦了。

　　帕格尼尼转过一条大街，耳边忽然传来一段非常亲切的乐曲。不知是谁，正在寒风中演奏着意大利的民歌。街头艺人的弓法和指法虽然略显生疏，但那把琴肯定是把好琴，音色浑厚，高音区也十分明亮。这亲切的琴声，使这位大音乐家停住了脚步。

　　帕格尼尼看见在一家酒吧门口，一个十四五岁的提琴手正在奏一曲意大利民歌。他身材矮小，衣着单薄，拉起琴来十分吃力。帕格尼尼的心被那忧伤的琴声揪紧了。

　　他不由自主地走上前，本想向那孩子脚前的帽子里扔几枚硬币。但看到那帽子里硬币少得可怜。只要再来一阵风，就会把帽子刮跑。帕格尼尼不忍心就此离去，他要帮一帮这位小同乡兼小同行。

　　"孩子，你是意大利人吧？"帕格尼尼想跟他攀谈几句，可是，那孩子立刻把提琴抱在怀中，向帕格尼尼投来不信任的目光。帕格尼尼知道，这孩子也许吃过亏，才会这样恐惧。他便把话题转到音乐和提琴上。大概是共同的爱好解除了孩子的心理负担，他这才慢慢放松了警觉。孩子告诉帕格尼尼，提琴是他父亲生前最心爱的东西，和他父亲相伴了一生。

这时，帕格尼尼恳求地说："能让我拉一拉吗？"

那孩子望了望帕格尼尼，犹豫了一会儿，才把琴交给了他。帕格尼尼轻轻地校了校音，然后拉起孩子刚才奏的意大利民歌。同样一把琴，到了帕格尼尼手中，仿佛有了新的生命，那音调立刻变得圆润、响亮，充满了对意大利的热爱。

过路的人被提琴声吸引了，停住了脚步，从酒吧里也拥出一群人，驻足倾听，人越来越多，把帕格尼尼和孩子围在了中间。一曲奏完，帕格尼尼俯身向人们行礼，并用弓子指了指孩子脚下的帽子。这时，喝彩声四起，硬币雨点般地投向脚下。

忽然，人群中有人认出了这位大音乐家："帕格尼尼，是帕格尼尼！"

孩子听了，两眼立刻睁得很大很大，他不敢相信，用自己的琴演奏意大利民歌的，竟是自己仰慕已久的音乐大师帕格尼尼，他激动得忘了去捡地上的硬币。

帕格尼尼这时伸出手，向大家致意。孩子惊奇地发现，自己的琴在帕格尼尼肩上，居然跟大师的身体融为了一体，不用左手扶它，它也牢牢地附在肩膀与下巴之间，多么神奇的本领啊！

帕格尼尼又拉起琴来。这次，他的左手飞快地在弦板上跳动着，琴声响起来，好像一群蜜蜂欢快地在花间飞舞，发出和谐的嗡嗡声。孩子发现，帕格尼尼的手指好像突然变长了，那四根手指，跳跃得让人眼花缭乱，而整个手掌却好像只是毫不费力地在琴把上移动，简直神奇极了。

只有三分钟，帕格尼尼便拉完了他最著名的小提琴曲《无穷动》。四周的喝彩声又响起来，人群中投出的硬币几乎要掩盖了小男孩那顶旧帽子。男孩依旧呆呆地站在那里，想起父亲生前的教诲：帕格尼尼的《无穷动》，只有他本人才能在三分钟内奏得完，其他提琴手，最短也得增加半分钟，因为帕格尼尼有一只金不换的左手，世界上谁也无法跟他相比。

曲终人散，帕格尼尼和孩子一同拾完地上的硬币，要跟孩子分手了。小艺人突然向帕格尼尼提出一个请求：

"先生，您能让我看看您的左手吗？我多么想拥有这样一只手啊！"

帕格尼尼下意识地扳了扳左手的拇指，把它伸向孩子。孩子看到他竟然能把拇指扳到旁人绝对无法达到的角度，惊讶和崇敬之情又一次升上心头，他紧握着那只黄金般稀有的左手，仔细端详起来。

这只手的四根手指是比旁人纤细一点，但也不见得比旁人长出多少呀！为什么刚才帕格尼尼演奏时，手指想伸多长就能有多长呢？孩子正在沉思，忽然发觉帕格尼尼的手指习惯地颤动起来，连手指的第一个关节也能自主地屈伸，这在旁人是绝对做不到的呀！

"孩子，"帕格尼尼知道孩子在注意什么，"别以为我的手跟别人的有什么太大的区别，我这只手是在不断地练习中变得纯熟起来的。你已经学会了拉琴，只要你真心热爱提琴，像我一样不断地练习，你的手也会成为金手的。好了，带着这些钱回意大利去吧，那儿有许多好老师，有许多好曲子，你还有父亲留下的这把好提琴，我相信你今后一定会成为一个好提琴手的。"

·《马赛曲》的故事·

你知道法国国歌《马赛曲》是谁创作的吗？这支著名的歌曲不是什么名人的作品，而是法国的一个少年士兵李赛尔的创作。

1789年，法国大革命后，接着又爆发了第二次革命。在这次革命中，人民群众推翻了与法国国王路易十六妥协的自由保皇派的专政，建立了激进的资产阶级民主的专政。

法王路易十六被人民击败以后，阴谋出卖法国，他勾结普鲁士、奥地利和西班牙，让三国出兵镇压法国的革命力量。

1793年，奥地利的军队侵入法国，法国的爱国人士为挽救国家的危亡，动员起来，组织义勇军，誓死保卫祖国。

一天，法国司托拉堡州第埃脱利镇的镇长贝奈第特斯决定举行全镇义勇军誓师大会。为了进一步激励战士们的斗志，增强军队的战斗力，贝奈第特斯想找人编一首表现爱国主义的歌曲，让战士们唱。可他找了好几个人，大家都把头直摇，谁也不会编歌曲。

贝奈第特斯非常失望：全镇这么多的义勇军战士，却没有一个会编歌的。晚上，他闷闷不乐地在镇头巡视。这时，一个大个子士兵走到他身边，说道："镇长，我有一个表弟，会写诗，也懂音乐，他还写过不少歌曲。"

"好啊，他在哪儿？"贝奈第特斯镇长急切地问道。

大个子说："他在离镇30里外的乡下。他想参加义勇军，可年龄小，义勇军不收他，他才气得跑到乡下的。"

贝奈第特斯镇长"噢"了一声："有这么回事，他多大了？叫什么？""16岁，叫李赛尔。"

"好吧，你马上把他请来，我要见他。"贝奈第特斯镇长对大个子说。

大个子答应了一声，转身消失在夜幕中。

第二天，天刚蒙蒙亮，大个子领来一个少年。小伙子俊秀英武，眉宇间透着灵气。贝奈第特斯一见面，就喜欢上了他。他说："李赛尔，我请你来，是想让你……"

"我知道了，镇长，可我有个条件，您必须答应我！"李赛尔认真地说。

贝奈第特斯镇长笑着说："你的条件是要参加义勇军，对吗？"李赛尔重重点点头。贝奈第特斯手一摆，说："这样吧，你要是能在三天内完成我交给的任务，我就批准你参加义勇军！"

李赛尔一听，一把搂住大个子，高兴地叫道："镇长同意了！我可以参加义勇军啦！"

李赛尔接受任务以后，心情非常激动。他一阵风似的跑回家，还没有进门，就大嚷起来："妈妈，妈妈，我可以参加义勇军了！"

"孩子，看把你高兴的，谁同意的？"妈妈亲切地问道。

"贝奈第特斯镇长，他让我编一支歌曲，三天后在誓师大会上演唱！"李赛尔高兴的脸上放着红光。

妈妈语重心长地说："这可是大事，你可要好好写一支歌，让义勇军战士们唱了鼓舞士气，增加勇气……"

还没等妈妈说完，李赛尔一头钻进自己的小屋里，坐在风琴前琢磨了起来。国家的安危，人民的期望，像一团烈火在他胸中燃烧。李赛尔激动了，一面弹琴，一面放声歌唱，一旦得到好的词句和旋律，就飞快地写下来。

从李赛尔的小屋里，一会儿传出雄壮跳跃的旋律，一会儿传出情绪激昂的歌声。妈妈坐在门口，静静地听着，随着儿子的旋律和歌声，她也激动起来。

从早晨到下午，李赛尔没有跨出屋门一步，妈妈几次送饭菜进去，都被儿子挡了出来："妈妈，我不饿，你不要打搅我，好吗？"

太阳落山时，李赛尔从小屋里出来了，他吃了两口饭，又进了小屋，他不停地弹着琴，高唱着。这一夜，他激情奔放，灵感倍增，到天亮时，歌曲终于写完了。他打开门，发现妈妈还坐在门口，他说："我写好了，妈妈，我唱给你听听吧！"

"孩子，妈妈都听见了，你写得很好！"

誓师大会那天，李赛尔登上高高的土台，用他那清脆响亮的歌喉为全体战士演唱。歌声刚落，台下便响起了雷鸣般的掌声。接着，他又教大家唱，战士们非常喜欢这支歌，很快就学会了。大家把它取名为《莱茵军战歌》。

没过多久，《莱茵军战歌》就在法国各地义勇军中传唱开了。1793年5月，各地义勇军在军区集合时，军乐队就奏起这支歌。6月，当义勇军抵达马赛城时，在一次军事集合会上，几万名士兵又情不自禁地放声高唱这支歌。7月，各地义勇军进入巴黎，巴黎群众倾城欢迎，军队和街道两旁人山人海的群众，又同声高唱这支歌。

这支歌在法国各地迅速流传，以至几乎家喻户晓，人人爱唱，这在法国音乐史上是罕见的。这支歌由于充分表现了法国人民强烈的爱国热情，旋律又雄壮优美，后来被选为法国的国歌。因为马赛是法国二次革命的根据地，人们就把它改名为《马赛曲》。

·舒伯特与"合作者"·

19世纪，奥地利的"歌曲之王"舒伯特一生在贫困交加中度过，他从来没有自己的乐器，更买不起钢琴。当他要用钢琴时，总是到咖啡店里，义务给店主当乐师，借那里的钢琴练习乐曲，构思创作新曲。但是，咖啡店里并不一定允许舒伯特去弹他自己的曲子。因此，舒伯特常常到他的画家朋友施温特家里，借画家的钢琴用。

施温特的钢琴就放在画室隔壁一个小客厅里，每当钢琴响起来，他就无法继续自己的工作。好在施温特十分敬佩舒伯特，两人约定好，只要施温特不作画了，便把自己的窗帘拉上，舒伯特在远处看到白色的窗帘，就可以去施温特家弹琴。

一天，施温特告诉舒伯特，自己正在创作一幅油画，恐怕有好几天不能有空闲，他要舒伯特别打扰他。舒伯特点点头，说："好吧，等你的画作完后我再去。"可到了第三天，舒伯特就忍不住了，一天七八趟地去施温特家的附近，看看那个窗帘拉起来了没有。

又过了好几天，施温特家的窗户上还是光秃秃的，舒伯特真是等急了。这两天，他正替歌德的诗谱曲，感情有了，节奏有了，也能哼出几组旋律来，可是，没有钢琴，这曲子无论如何写不出来，真急死人了！

这一天，舒伯特在施温特家附近等了一个下午，还不见有什么动静。黄昏时分，天色突变，狂风大作，眼看一场大雨就要来临。舒伯特叹了口长气：这一天又泡汤了。他正想离开，这时，一阵风吹开了施温特家的窗户，白色的窗帘从窗户里飘出来，十分显眼。

好喽，施温特有空了，我可以弹琴了。舒伯特一口气跑进施温特家，连招呼也顾不上打，便闯进小客厅，丁丁冬冬弹起琴来。隔壁的施温特正在潜心作画，被琴声一吵，什么也干不成了。他把画笔一扔，冲进小客厅，正想开口，但看到舒伯特那专心致志的样子，不禁心头一软，把冲到嘴边的吼声又咽了回去。等舒伯特发现了施温特，站起来想打招呼，施温特只是摆了摆手，在一旁坐下，静心听起他弹的曲子来。

舒伯特一曲弹完，正要站起来告辞。他抬头一看，天已经黑了。窗外，哗哗的大雨下得正猛。施温特已脱了工作衣，端来了晚餐。这时，舒伯特的肚子正饿着，他只说了一声"谢谢"，然后风卷残云般地把晚餐吃了个精光。

舒伯特望着窗外，心想：今天肯定回不去了，不如接着弹琴。他毫不客气地坐到了钢琴边。

已经憋了十多天的舒伯特，胸中早已乐思如涌，他一会儿在琴上弹奏，一会儿引吭高歌，一会儿又奋笔疾书，歌德的诗作很快配好了乐曲。可是，舒伯特依然没有一点儿倦意，看来，他今晚是不会想到睡觉了。

施温特当然无法再拿起画笔，只得在一旁陪着舒伯特，替他整理写好的乐谱，端上一杯热咖啡。

半夜了，舒伯特还在忙着。细心的施温特一边捡着他散落在地上的曲谱，一边瞟了瞟他手边的乐谱纸，发觉这位天才作曲家的空白乐谱只剩下两张了，而他还不知道。施温特笑了笑，到自己工作室里取来了铅笔和白纸，替舒伯特画起五线谱来。源源不断的谱表供给作曲家，直到第二天凌晨，歌德的诗才全部谱好曲。

舒伯特写完最后一个音符，站起身来，美美地伸了一个懒腰，这才发现施温特陪了他大半夜。他不好意思地说："真对不起，我打搅了你，把你的创作耽误了。现在，让我们一起去欣赏一下你最有价值的油画。"

施温特揶揄地笑了笑，已经陪这位作曲家大半夜了，他一声也没吭，只顾自己的创作。现在这么说，不是太迟了吗？于是，他晃了晃那叠自己画的五线谱纸，说："这才是我最有价值的画呢，哪一天你的音乐作品上演，可不能冷落了我这个合作者。"一席话，说得两人一齐笑了起来。

第二年，舒伯特的歌曲果真上演了。组织演出的人特意请了歌词作者、德国的伟大诗人歌德到场观看。舒伯特当时还是个无名小卒，并没有得到歌德的重视。

音乐会的最后一曲，是歌德作词的《魔王》，只见一名青年歌唱家走上台，开始唱这首后来成为传世佳作的歌："在夜半风中，骑马飞奔，是一位父亲和他的孩子……"活跃的旋律在音乐厅里流淌，给人美不胜收的感觉。接着，歌曲里出现了父亲、儿子和魔王三人的对话，歌曲出现了生动的戏剧效果。最后，当歌手唱完"怀里的孩子已经死去"一句时，全场立刻响起了热烈的掌声。演出结束，歌德也走上台去，跟青年歌手热烈拥抱，祝贺他演唱成功。

歌德客气地问起歌手的名字，青年人回答说："我就是舒伯特。"并把自己的"合作者"介绍给伟大的歌德。施温特这才把当天自己跟舒伯特在一起，看着他创作的经过讲给歌德听。

歌德听完，连声称赞："青年人，谢谢你，你是一位天才，也是一位对事业勤奋的人，你今后一定会成为歌曲之王。"

·不图虚名的门德尔松·

门德尔松（1809—1847年）是德国著名音乐家，他既是钢琴家又是作曲家。17岁就写了《仲夏夜之梦》的序曲，让人简直不敢相信这样的名曲竟出自这么一个孩子之手。

他出身于一个很有教养的人家，许多名人常来他家走动，例如黑格尔、海涅、威柏、洪美尔等。他还在少年时代就为大名鼎鼎的歌德所赏识，9岁就上台演出，人人都当他是一个钢琴家。

1829年的夏天，他20岁，第一次出国旅游，先是去了英国，后来到了奥地利和法国等，每次去了少不得要为当地演奏一番。

他年纪轻轻就在英国伦敦演出，当地人惊为神人，对他佩服得五体投地，演奏完了鼓掌声久久不息，媒体更对他赞誉有加。

有一次，他再次去了伦敦，英国女皇听说门德尔松来了，特地派人欢迎，请他无论如何去白金汉宫一趟，她将为他举行一次盛大的招待会。

一向目中无人的维多利亚女皇竟然这样看得起他，门德尔松自然受宠若惊，他很腼腆地接受了邀请，轻声问道：

"到时候陛下可有什么要求，还请大管家示下。"

那个专来通知他的人笑着说："尊驾既是作曲家，又是钢琴家，到时候有请尊驾到钢琴上一显身手是免不了的。"

门德尔松连声道："是，是。"

那人走出数步，回过头来，补上一句："当然，尊驾若能演奏自己的大作，会让女皇更加喜不自胜。"

到了夜间，白金汉宫这个世界著名的大宫殿内灯火辉煌，英国的要人淑女多在晚会上出现。

轮到门德尔松上场，只见他站了起来，朝着在座各位鞠了几个躬，就在钢琴面前坐了下来，接着手指飞动，弹奏起来。

随着他手指的跳动，只听见曲调柔媚宛转，缓缓荡漾，犹似微风起处，水波轻响，一会儿琴声平和中正，隐然有王者之意；一会儿又铿锵悦耳，一声声挑人心弦，当真让人感到心神荡漾。

一曲弹完了，全场人一声不吭，好一会儿才醒悟过来，一齐站立起来，拼命鼓掌。

女皇兴奋得亲自下来，拉住他的手，大加赞扬。

她道："想不到先生神技竟至于此，别说弹奏的技巧已经炉火纯青，就是光凭这首您作曲的《伊塔尔兹》曲子，足以证明先生是位天才无疑。"

这句话一落，门德尔松登时涨红了脸，连连鞠躬，讷讷地几次想说却说不出话来。

好一会儿，他才大声说了出来："不敢欺瞒陛下，这曲子实在是在下的姐姐芬妮所作。在下不敢掠人之美。"

女皇道："先生过谦了，这曲子旁明明写着作者门德尔松，怎么会是您的姐姐所写的呢？"

门德尔松说："我家芬妮实在是位很不错的作曲家。当她写出这一曲子来时，我们兄弟们都说现在社会上没有女人作曲的事，就让用我的名字发了出去。这才有了今天的误会。"

众人见他为人真诚，一点儿也不虚荣，不由自主地再次鼓起掌来。

·热爱祖国的肖邦·

肖邦，1810年诞生于波兰华沙附近的一个教师之家，父亲是一位法国来的家庭教师，母亲是位波兰贵族的女儿。肖邦从华沙音乐学院毕业后，赴巴黎深造。学习期间，波兰遭到沙皇俄国的吞并，他为此写下了被称为《革命进行曲》的《C小调练习曲》，以表达自己对祖国命运的关切。这以后，肖邦一直侨居国外，无法回国。1849年因病逝世时，留下遗嘱，把他的心脏运回他日思夜想的祖国。

1830年，肖邦已在华沙音乐学院毕业。当时波兰反对沙皇俄国统治的革命风暴渐渐生成，气氛已经十分紧张。在拿破仑发动的战争失败以后，根据维也纳条约规定，波兰分属俄国统治。波兰人的爱国热情渐渐高涨，这里已经不是一位身体衰弱的艺术家可以施展才能的地方。于是，肖邦的父亲以及他从事秘密革命活动的朋友都竭力劝说肖邦到法国去深造，他们不愿看到一位优秀的艺术家在一场即将来临的革命动乱中受冲击。

肖邦的内心十分痛苦，他的身体太差，不能和朋友们一起拿起武器上战场。这使他很悲哀，最终他还是听从了朋友们的好心劝说，踏上了去巴黎的旅程。

送行的时刻到了，所有的朋友都来到车站。他们给了肖邦一袋波兰的泥土，既纪念他们一同度过的快乐时光，也让他永远不要忘记多灾多难的故土，记住自己是波兰的儿子。

就在肖邦离开华沙不久，11月29日，波兰爆发了反抗俄国的起义。听到这个消息，肖邦立刻写信给自己的朋友，他要在钢琴上奏出雄浑悲壮的乐曲，以此表达自己对起义者的支持和尊敬。

但事实却与肖邦的愿望相反，第二年9月，沙皇的铁蹄便践踏了华沙的土地。从此，自由波兰的革命运动转入了低潮，这使身处巴黎的肖邦内心涌起了无限的悲愤。就在一个令肖邦彻夜难眠的夜晚，肖邦写下了著名的《C小调练习曲》。这首曲子后来被称为《革命进行曲》，充分地表现出一位在异国他乡的波兰儿子的赤子之心。

第二天，正当肖邦在钢琴前弹着那首乐曲的时候，街上传来了游行队伍的呐喊声。那是热情沸腾的巴黎人，举着火把，在举行声援波兰人民的游行。肖邦站在阳台，聆听着人们一遍遍呼喊："华沙！华沙！"心里不禁涌起同样的呼声，眼前浮现出自己的故乡。华沙郊区，那个叫热拉佐瓦·沃拉的小村，现在大约成为铁蹄下的废墟了吧。他一直站了几个小时，这对身患肺病、身体虚弱的肖邦来说，实在是一件不容易的事。

肖邦很快在巴黎出了名，他在那里居住了18年，创作了大约200首作品，大部分是钢琴曲。西欧的著名音乐家们这样评价他的作品：它是"隐藏在花丛中的一尊大炮"。肖邦的全部作品，无不在向世界宣告："波兰是不会灭亡的。"

终于，严重的肺病彻底摧毁了肖邦的健康。到1848年2月，肖邦举行了最后一次个人音乐会，当时，他是被人用轿子抬进演员室的。但是，当他坐到了钢琴前，掀开琴盖的时候，他完全成了一位生龙活虎般的年轻人，他的手指一接触琴键，流畅而雄浑的旋律立刻流淌在剧院，谁也不会相信他是一位病入膏肓的人。

最后的日子来到了。肖邦躺在床上，他的姐姐和巴黎的朋友们围坐在四周。肖邦最后的愿望是：把他18年来一直随身携带的那杯波兰泥土，洒在他棺木底部，好让他身在异国，却躺在祖国的泥土上。他说，按目前的情况，要把他的遗体运回波兰是不可能的，但至少要把他的心脏运回波兰。朋友们照他的遗愿，把他的心脏运回了华沙，保存在圣十字教堂。

·舒曼的得与失·

　　罗伯特·舒曼是德国的音乐评论家、作曲家，他创作了大量的抒情歌曲。1810年，他出生在德国茨维考城一个出版商的家庭。他自小就有极强的音乐天赋，7岁就能写钢琴小品，13岁就试着指挥乐队和合唱团。后来他虽然到莱比锡大学攻读法律，但他的爱好仍在音乐方面，他曾创作了大量的声乐、交响乐、清唱剧。1856年，46岁的舒曼去世。

　　在19世纪，似乎最稳定的职业便是律师。舒曼即使对音乐达到了着迷的程度，也要考虑到养家糊口的问题。舒曼的父亲去世之后，母亲一心要他成为一名法学家，他为了不伤母亲的心，只得进了莱比锡大学攻读法律。但是，舒曼的身影更多地出现在琴室，练习弹琴，顺便搞一点儿创作。当一名钢琴家，是年轻的他惟一的愿望。

　　谁都知道，练习哪一种乐器都要循序渐进，从最简单的指法练习开始，逐渐加大难度，而基本的姿势是绝对不能搞错的。如果基本的姿势没弄对，轻则会影响技艺的精进，重则会损伤肢体，甚至断送一个人的艺术生命，到那时，再想从头做起就不可能了。

　　年轻的舒曼对音乐太钟情了，但又没有导师对他进行正确指导，于是他只好自己想出一套速成的钢琴练习法。

　　为了把指法练得纯熟，他居然从天花板上吊下几根细绳，把几根手指缚住，不让它们接触琴键，然后剩下急需练习的手指，不停地在琴上练。这种硬练手指的办法，不久就带来恶果，他的手指指腱受了伤，从此再也无法练琴，成不了钢琴家了。

　　舒曼懊恼了一阵之后，并没有打消当音乐家的念头。他太爱音乐了，绝对不肯放弃这个追求。他下定决心，钢琴家当不成，作曲家和指挥家总还可以尝试吧，而且还可以搞音乐评论……音乐的道路宽着呢。他自小受当翻译家的父亲的熏陶，文学基础比较扎实，如果从事音乐创作和音乐评论，舒曼完全有这个基础。

23岁的时候，舒曼终于创办了一家音乐评论刊物《新音乐杂志》，经常用"大卫社"的笔名发表对音乐界的事件的评论，第一篇就是对大钢琴家肖邦的《达雷姆变奏曲》的评论。由干他对音乐是内行，又有扎实的文学基础，评论刊出以后，立刻受到音乐界的重视，被认为是音乐评论作品中中肯的好作品。

舒曼在写评论的同时，也没有放弃自己的创作。他克服困难，夜以继日地进行创作，1840年这一年中，他就写了100多首抒情歌曲。由于他文学基础扎实，鉴赏能力独到，所选的词都是脍炙人口的名段，而且能跟音乐很好地糅合在一起。每一首歌曲发表，都得到广大读者的喜爱。其中包括英国名诗人拜伦的《英雄颂》，德国诗人海涅的《莲花》，等等。

出名之后，舒曼音乐创作的路子更宽了。第二年，仅用4天时间，就写成了第一交响乐，接着写出清唱剧《天堂与贝利》、《赫尔曼与德罗提亚》，这些作品都获得音乐界的好评。

急于求成的迫切心情使舒曼的艺术道路上出现了似乎无法解脱的危机，而坚强的意志和对音乐的酷爱使舒曼在这个领域的另外方面取得了成功。

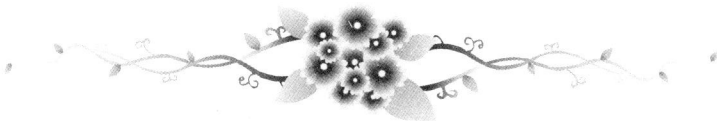

·威尔第与《茶花女》·

意大利作曲家威尔第生于1813年，于1901年去世，是意大利歌剧的著名作者。他创作并两次主持《茶花女》的演出，使小仲马的这部小说以歌剧的方式再现。那曲脍炙人口的《饮酒歌》，也成为各国歌唱家经常演唱的曲目。

1852年冬天，小仲马把自己的小说《茶花女》改编成话剧，在巴黎首演。意大利作曲家威尔第应邀参加了首演式。话剧深刻的思想内涵给这位作曲家留下了深刻的印象，事后，他又把小说读了一遍，立刻萌生了把《茶花女》改编成歌剧的想法。

这时候，威尼斯的拉·菲尼斯剧院正要求威尔第替他们写一个新歌剧，威尔第接下他们的委托，准备正式推出法国作家的作品，双方经过协商，《茶花女》的创作和演出便这样定了下来。

《茶花女》的改编和演出，似乎一开始就不顺利。威尔第请皮阿维写剧本，但是第一个稿子送到威尔第手里时，威尔第觉得很不满意，歌剧和话剧是有很大区别的，不能把故事情节写得太复杂。于是威尔第跟皮阿维商量，把情节作大量的修改，只保留下基本的情节，薇奥列塔和阿芒的悲剧，留给威尔第大量的空间去发挥歌剧的优势。

剧本修改好了，歌曲也写成了。次年三月份，《茶花女》便在拉·菲尼斯剧院首演。但是，导演又犯了极大的错误，他不仅没有选择好演员，还别出心裁，让所有的演员都穿着现实生活里的服装上台，演成了一出反映现实生活的现代歌剧，仿佛把生活故事照搬到威尼斯的舞台上。

这一下，可捅了马蜂窝。舆论界顿时大哗，指责威尔第在意大利散布法国文学诲淫诲盗的内容。在资产阶级道德的维护者看来，歌剧的中心人物是个被社会遗弃的女人，把她搬上舞台，无疑想赞颂巴黎高级妓女的生活，从而对家庭和婚姻的崇高准则作出粗鲁不堪的挑战，这是任何一位正直的人绝对不能允许的。

演出遭到猛烈的批评，威尔第却没有灰心，他觉得，如果这次失败是因为触及到了社会上太敏感的热点，引起了强烈的反感的话，要把它扭转过来，并不是一件难事。他了解意大利人，只要不太伤及他们的自尊心，他们一定会睁一只眼，闭一只眼，不过多干涉文艺创作和舞台上的表演的。

于是，威尔第决定亲自干预第二次演出。在一年时间里，他首先对《茶花女》作了并不太多的删改。目的当然只是为了给评论家们一个印象，这个剧本与以前的已经不一样，作者注意听取采纳了大家的意见。

最大的改动，应该是摒弃导演的那种不顾后果的奇怪做法，他坚持自己的主张，制作了古代服装，代替了原来的当代服饰，这一改，把时间整整往前推移了上百年。让故事发生在遥远的过去，批评家们所谓的诲淫诲盗的说法就不能成立了，剧本变成了对旧时代的批判。卫道者们于是便可以心安理得，不会再大吵大闹了。借古讽今，他们可以忍受，直指当今，就像摸了老虎屁股，这一点，威尔第确实了解得很深刻。

《茶花女》第二次公演，依旧在威尼斯，依旧在那个剧场，却取得了巨大的成功，在很短时间里，风靡了整个欧洲。除了剧本与演出方式的调整原因外，该剧成功的根本原因还在于威尔第的曲子写得非常出色，这也是他有极大信心的基础。从此以后，《茶花女》成为许多歌剧院的保留剧目。

·瓦格纳的音乐之梦·

生活在德国19世纪的理查德·瓦格纳是与贝多芬、海顿、莫扎特齐名的音乐家。他创作的歌剧《汤豪舍》、《漂泊的荷兰人》、《罗恩格林》和《特里斯坦与伊索尔德》，至今被视为歌剧艺术的经典。

1813年5月，瓦格纳出生在德国的莱比锡。他是家中的第9个孩子，他的3个姐姐都是演员。瓦格纳从小就梦想着长大和姐姐一样，当一名演员。

8岁那年，瓦格纳被送进了克伊茨学校读书。13岁时，他迷上了诗歌，还翻译了希腊史诗《奥德赛》。他常常把自己关在房子里写诗歌，虽然没有发表，在同学中间却广泛流传。瓦格纳决心将来当个诗人，要写许许多多的诗歌。他的母亲非常高兴，希望儿子今后能成为一名诗人。

就在瓦格纳做着诗人的美梦的时候，有一天，他姐姐带他到剧院里看歌剧《费德里奥》。演出结束后，瓦格纳激动异常，他对姐姐说："音乐太美妙了，我也要学音乐。"

姐姐听了"扑哧"一笑，说："我们家的大诗人又想学音乐了。你是不是想得太简单了！"

瓦格纳是个想到哪儿就干到哪儿的人。没过几天，他真的从图书馆借来一本《连续低音法》，也不管实用不实用就读了起来。他没有系统地学习过音乐，甚至也没有正规地学习过一种乐器，就如痴如狂地想在音乐上做文章。

经过一段时间，他感到事情不是自己想象得那么简单，于是，就决定向一个名叫格特利伯·缪勒的音乐教师学习。他还没有掌握一个作曲家必须掌握的技巧，就开始作起曲子来。1830年，他创作一首降B大调序曲。在这首序曲里，瓦格纳想通过每四小节打击乐，特别是定音鼓的反复演奏渲染出一种神秘的气氛。

写好后，他把这首序曲的总谱交给莱比锡乐团的指挥。也许是为了嘲弄这个毛头小伙子，乐团指挥答应在圣诞节晚上义演这首新作。瓦格纳听了十分高兴，把这个消息告诉了他的姐姐。

圣诞节的晚上，姐弟俩兴冲冲地赶到剧场。因为激动，瓦格纳把入场券都忘了带。他只好凑到守门人身边，哀求地说："请让我进去吧，我就是这首新曲的作者。"

守门人望了望他，问他这首新曲子是个什么样的曲子，瓦格纳一口报了出来。守门人还真的让他进去了。可瓦格纳做梦也没想到，演出的效果太差劲了，特别是每四小节之后那要命的鼓声，听众先是发愣，接着就开始嬉闹，最后竟狂笑起来。

这次失败，使瓦格纳痛苦万分，同时也使他的头脑变得清醒多了。

从此以后，瓦格纳再也不忙着写曲子，而是拼命地读书，只要与音乐有关的书籍，他见到就买，然后用心地钻研。他觉得这样还不行，就又专门找了音乐老师提奥多·万茵希里，跟他学习作曲理论。万茵希里认定瓦格纳有丰富的音乐创造能力，只是未经琢磨而已。他要求瓦格纳认真研究和声和对位法的原理，经常举例说明那些深奥的原理，让他一边学习，一边试着写一些练习曲。

瓦格纳学习非常认真，每写一支曲子都要反复推敲，细心琢磨。只要有一点儿不满意，他都不放过。平时，他经常到剧院里听各种各样的歌剧、音乐会。对别人乐曲中的每一个音符，每一节变化，他都要认真研究一番。在他看来，好的音乐本身就是老师，从中可以学习到许多老师讲不出的东西。

瓦格纳跟万茵希里老师学习了6个月，这段时间的学习给他的音乐创作打下了坚实的基础。一天，万茵希里对瓦格纳说："很抱歉，我已经没有能力教你了，你可以自己正式作曲了。"

老师的这句话给了瓦格纳很大的鼓励，他告别了万茵希里，回到家，就再也不出门了。他给自己规定："不写出几首像样的曲子，不迈出门槛一步。"

　　工夫不负有心人。半个月后，瓦格纳写出一些奏鸣曲、序曲和交响曲。在这些新创作的乐曲中，已经闪现出天才的光辉。可他还觉得不满足，又创作起歌剧《婚礼》。

　　经过两个月的努力，《婚礼》总谱大功告成。这时，瓦格纳才喘了一口气，把《婚礼》送给莱比锡乐团总指挥。

　　乐团总指挥看了他的创作总谱，非常满意，他不敢相信这是一个19岁的小伙子创作的。瓦格纳向他说明了创作的意图和设想，总指挥听后非常佩服。

　　没有多久，歌剧《婚礼》就上演了，演出十分成功，引起了很大的轰动。瓦格纳一下子成了名，许多同行都认为他是一个很有发展前途的音乐家。

　　在荣誉面前，瓦格纳一言不发，他自己知道，他的音乐梦只是刚刚开始，以后的路还很长很长……

·米勒回到农村·

　　法国出色的写实主义画家约翰·米勒1814年生于农家，22岁时到巴黎寻找出路，几年后无法适应在巴黎的生活，回到农村，从此以农村生活为画题，创作出了清新自然的写实主义作品，受到艺坛的欢迎。他1875年因贫困交迫去世，享年61岁。

　　那是1841年初夏的一个黄昏，巴黎的一条街道上，一位二十多岁的青年人正孤独地走着。他时而穿过小巷，时而迈步在大街，直朝艺术品集中的大街走去。

　　他走过一个油画展示的橱窗，明亮的窗内正陈列着待售的画，里边就有他米勒的作品。他正想用一位局外人的身份欣赏一下自己的作品。突然，从橱窗边传来一段刺耳的对话，而这段对话正是针对自己的一幅作品的。

　　"这画简直糟透了，真让人恶心。"一个衣冠楚楚的绅士皱起眉，指着一幅裸体少女像这么说。而他身旁的那人，连看也不看，就回答他说："米勒嘛，他除了裸体，什么也画不出来，他到巴黎究竟想干什么！"

　　尖刻的批评，像鞭子一般抽在米勒的心头。他觉得脸颊发烫，赶忙躲进黑暗之中。他不想再看下去、听下去，快步离开了橱窗，只想躲得远远的。他回到家里，心中的阵阵波澜却无法平息。

　　裸体画只是入门的功课，米勒当然知道它并没什么意思。可是，从偏僻的农村来到巴黎，要养家糊口，别人能够懂得其中的艰辛吗？自己创作的那些极富艺术精神的画，却因为自己地位低下，从来受不到应有的重视，无人欣赏，无法展出，没人肯收藏。他是在极厌倦的心态之下，画一点儿裸体画，拿去换点钱以维持生活的呀！

经过考虑，米勒对妻子说："我决定今后不画裸女了，你也受够了苦。我已经厌恶透了，我想这里不是我们该住的地方，我们回农村去吧。"他本以为妻子会舍不得灯红酒绿的大都市，没想到妻子一口答应下来。于是，他们全家便离开了巴黎，住到了一个叫巴比松的农村小镇上。

回到农村，米勒的心情确实畅快多了，但生活却愈加艰辛。他在镇上美术馆找了份差事，但那美术馆太小太穷，连工资也常常拖欠。3月底，一个寒冷的夜晚，他的一位朋友好不容易从馆里替他领到40法郎的工资，匆匆跑到他家，要把这笔钱交给米勒。朋友知道，米勒家实在是太急需这笔钱了。

敲了半天门，没人开门，朋友只得推门而入。只见小小的一间客厅兼画室里，火炉边没有一根木柴，米勒蜷缩在炉边，他连站起来的力气都没有了。两天来，他们全家没有吃过一片面包，仅有的一点儿面包屑给孩子吃了，他们跟母亲躺在床上，无力地挨着寒夜。

"你们是怎么过日子的呀！"朋友说了一句，喉头就哽住了。他赶快把40法郎递给了米勒。米勒浑身突然有了力气，他立刻冲出大门，连夜替孩子们买面包去了。

等生活稍稍安定之后，米勒立刻投入了创作，大自然的风光感染了他，让他心情舒畅，农村朴实的生活，给了他无穷的灵感。他创作了一系列关于农村的真实画卷。《播种》一画使他成名，《簸谷人》、《拾穗者》、《扶锄的人》等，一幅幅画都进入了艺术殿堂。虽然当时他的知名度远不及那些描绘有产阶级沙龙生活的画家，但随着时间推移，他回到农村才创作出来的画，终于成为了世界美术史上的杰作。

·门采尔的忠告·

19世纪，德国画坛上出现了一位大画家，他叫门采尔。

1815年，门采尔出生在一个穷困的工人家中，他从小就喜欢读书，可家里却没有钱供他上学。七八岁的时候，他就和流浪在街头上的孩子们混在一起，一块儿拾煤渣，捡破烂，过着吃了上顿没下顿的日子。一天，几个孩子围坐在一起，有一个叫奥古斯特的孩子随手从地上拾起一块石头，在地上画了一只大公鸡。门采尔见了，惊讶极了："奥古斯特，你画得真好！"

奥古斯特挠着头皮，不好意思地说："我随便画着玩的。"

"你教教我，我也想画画！"门采尔央求着。

"教你？"奥古斯特"扑哧"一笑，"我也不会画，怎么教你呀！"

奥古斯特虽然没有教门采尔画画，门采尔却萌发了学画画的念头。无论走到哪里，他就往地上一坐，捡起小石块，见什么就画什么。

渐渐地，门采尔长大了，他也不满足用石头在地上画画了。18岁那年，他进了一家工场做工，攒下钱买了纸和笔，开始在纸上作画。

在纸上作画和在地上画画是完全不同的，在地上画得不好，用脚一抹，擦掉重来。可在纸上作画，画得不好，一张纸就浪费了。每次作画之前，门采尔就仔细地观察要画的对象，认真琢磨，有时还用石块在地上先画一遍。对每一幅画，门采尔都非常认真仔细，画得很慢。

一次，门采尔正在作一张小风景画，奥古斯特来了，他看了一会儿，便说："门采尔，这么一幅小画，你画得太慢了，我看几笔就可以画成。"

"不，朋友，那样草率是画不好画的，我每下一笔，都要经过认真思考。"

门采尔的一席话，说得奥古斯特无言以对。

功夫不负有心人，门采尔的画越画越好，成了远近闻名的画家。他的画在市场上很难买到，人们都以能买到门采尔的画而感到荣耀。

从1872年到1875年，门采尔用了4年时间，创作了油画《轧铁工场》，展出后一下子轰动了全国。

门采尔成名了，向他来求教的人络绎不绝。有位叫德雷特格的青年画家，也经常画画，由于他功夫不够，画的画儿很粗糙，因此他的画长期卖不出去。后来，他看到门采尔的画受人欢迎，在市场上供不应求，心中十分羡慕，就上门向门采尔请教。

"门采尔先生，能不能把您作画的秘诀告诉我。"德雷特格诚恳地说。

"秘诀？"门采尔看了看德雷特格，十分严肃地说，"没有什么秘诀，就是多看，多画！"

德雷特格不解地说："我画得不少呀！一天就可以画好几张，可是要卖出去，却要等上整整一年！这是什么原因呢？"

门采尔听了，说："原来是这么回事，好办，好办！"

德雷特格听门采尔说有好办法，赶忙将身子靠近，急不可待地问："有什么好办法？"

门采尔在他肩膀上一拍，笑着说："办法就是，请倒过来试试吧！"

德雷特格不解地问："怎么倒过来？"

门采尔严肃地说："对，倒过来！你要用一年的工夫去画一幅画，保险你一天就能卖掉它。"

德雷特格一惊："一年画一幅画，那多慢呀！"

门采尔语重心长地说："对！创作是艰辛的劳动，是没有捷径可走的。试试吧，年轻人。"

德雷特格听了门采尔的忠告，回去后认真苦练基本功，深入生活收集创作素材，用一年工夫画了一幅油画，果然，不到一天就卖出去了。

后来，德雷特格也成了一名著名的画家，有人问他是如何出名的，他说："没有门采尔的忠告，就不会有我的今天。"

·维也纳森林的故事·

　　1825年，奥地利轻音乐家约翰·施特劳斯出生在维也纳的一个音乐家庭，他一生创作了120多首维也纳圆舞曲，被人们称为"圆舞曲之王"。

　　维也纳这座音乐之城，长久以来都被那种虽然典雅却毫无生气的贵族音乐、宫廷音乐盘踞着，是施特劳斯那来自民间的、富有青春活力的音乐为喜欢音乐的人们带来了清新的气息，千百个热爱音乐的维也纳市民对其如痴如狂。但是，施特劳斯当时只是一个乳臭未干的年轻人，他自幼酷爱音乐，因家境所迫，到一家银行当了一名小职员。由于他念念不忘音乐，影响了银行的工作，被老板解雇了。

　　施特劳斯被解雇后，心情非常不好，他的未婚妻波蒂很理解他，鼓励他说："不要这样，你可以组织一个小乐队，到咖啡馆里去演奏。"

　　施特劳斯按照未婚妻的办法，没有多久，就组织了一支小乐队，经常到咖啡馆演奏。一天晚上，咖啡馆老板不等乐曲演奏结束就命令提早关门，在场的客人中有一位社会名流卡拉夫人，她提出让乐队继续演奏下去，老板这才不得不让步。

　　第二天，卡拉夫人把施特劳斯带到她家豪华的宴会上，让施特劳斯用音乐为上流社会的人们助兴。在座的贵宾们不知道这位年轻人是谁，有一位音乐出版商还鄙夷地说："我从来没有听过你的音乐。"

　　卡拉夫人对这个英俊而有才华的青年产生了好感，决定亲自演唱施特劳斯的歌。她的身份地位、动人的歌喉大大抬高了施特劳斯的身份。施特劳斯在上流社会里，也引起了注目和反响，他像一颗闪亮的星星升起在维也纳辽阔的天空。施特劳斯被卡拉夫人的歌喉和美貌迷住了，他为找到自己的知音而感到十分高兴。

没过多久，施特劳斯和波蒂举行了婚礼。婚后，施特劳斯继续醉心于他的圆舞曲创作，维也纳市民非常热爱他的华尔兹舞曲。施特劳斯还为民众写了一首进行曲，群众在他的进行曲的旋律中前进，向专制统治示威。

在沸腾的街头，施特劳斯又遇见了卡拉夫人，她温和地劝施特劳斯专心致志去创作圆舞曲，不要创作这种政治性强的进行曲。

施特劳斯没有听卡拉夫人的劝告，他的音乐是为民众而写，民众不喜欢的音乐，他不会去创作。

施特劳斯的音乐引起了一些显赫贵族的不满，他们竟然要逮捕施特劳斯，并要连卡拉夫人一块儿逮捕。在民众的掩护下，施特劳斯和卡拉夫人才得以逃脱。由于回家的路途不通，他们只得听老马车夫的劝告，去维也纳森林逛一逛。

马车在夜色中缓缓行进，马蹄的嗒嗒声清晰可闻。他们经历了一场风波，十分疲倦，渐渐地便进入了梦乡。当他们从酣睡中醒过来时，发现已置身在大森林中。微微的晨曦透过密密的丛林照进来，小鸟在婉转歌唱，花草在微风中频频点头，似乎在欢迎他们的到来。

大自然的景色如此美妙动人，令他们心旷神怡。马蹄的嗒嗒声，马车夫轻快的口哨声，微微的风声，百鸟的鸣叫声，像一首动人的晨曲，在森林中回荡，那么和谐自然，那么浑然一体。这时，施特劳斯完全被陶醉了，他心中泛起阵阵波澜，一首以维也纳森林为背景的圆舞曲，就这样在他心中酝酿成熟了。

傍晚，马车把他们带到一个乡村饭店，施特劳斯再也无法控制音乐的冲动，急急忙忙要来纸，开始创作他的圆舞曲《维也纳森林的故事》。

那一夜，卡拉夫人几次走进他的房间，劝他休息。这会儿，沉浸在音乐世界中的施特劳斯，早已把她的存在忘记了。

直到东方露出太阳的光芒，施特劳斯才从音乐的世界中走出来，他对卡拉夫人说："很抱歉，昨晚没能照顾好您，我向您道歉。"

卡拉夫人深情地看着施特劳斯，她认为命运把他们安排在一起：阳光、森林、音乐，已把他们联结成一个人了。她已深深地爱上了施特劳斯。

后来，施特劳斯的《维也纳森林的故事》终于创作成功，成为世界民众非常喜爱的乐曲。这一乐曲，不仅反映了维也纳人民热爱大自然，向往树林、灌木丛、野花、绿草地的情思，也记载了作曲家本人一段罗曼蒂克的感情经历。

·画到最后一刻的塞尚·

保罗·塞尚1839年出生在法国一个银行家的家中，他的父亲早给他安排好了美好的前程。但他对账本丝毫没有兴趣。父亲拗不过他，只得让他到美术学院学画。在学院中，塞尚也不安分，他创造了一种不经素描，直接用颜色构图的绘画艺术。他的叛逆行为，开始一直受到艺术界的排斥。直到1907年，他的画才得到社会公认。可惜他已在1906年10月因劳累染病去世。塞尚死后，被越来越多的人推崇，公认他为"现代绘画之父"。

1870年，普法战争期间，塞尚住在一个叫奥弗的古老高原的小镇里。这里很少有艺术沙龙活动，所以，塞尚把大部分精力花在对大自然风光的研究上，他的研究一向带有叛逆的个性，对前人肯定的东西，塞尚总要怀疑一番，力求找出一种新的结论来。

他的研究确实有所收获。他跟左拉儿时是同学。左拉早已出名，而他却无法得到艺术界的承认，便只有找圈子以外的人，诉说自己对艺术界墨守成规的不满。他写信给左拉："我总觉得在室内作的画，无论如何比不上在自然光之下作的画。野外的场景有惊人的美感，所以我只应该在室外创作。其中原因，我还在深思之中。"

不久，左拉又接到这位老同学的信，知道他已经找到了其中的奥秘。在日光之中，两种色彩一经调和，就会变浅，而颜料只会变成第三种色彩。他发现了用颜料创造三维空间、表现距离、表现圆形的方法。他的这种崇尚自然的精神，当然会得到具有自然主义思想的左拉的赞赏。

但是，在画坛中，塞尚就实在缺乏知音和运气了。他作起画来，直接用颜色造型。虽然色彩变化细腻，步骤却十分简练，总是用红、黄等暖色表现要突出的物体。他说，在太阳照耀下，大自然的景色便是如此。他的构图和总体布局，也大大超出了印象派的成就。

也许是他太过超前，所以他的画总不能被多数人理解，只有少数人和一些收藏家，才会看好他的画。展览会上，评论家们好像专门与他作对，横挑鼻子竖挑眼，把他的画说得一无是处。难怪他一再朝人感叹："我真孤独，真孤独！难道说，真正的艺术，总是只能被极少数人理解吗？"

塞尚毕竟是个坚持己见的人，他没有在时尚的好恶面前低头。不久，他索性回到艾克斯老家，天天到野外去作画。他知道，自己的画恐怕不会受到别人赏识，一有不满意的地方，他就把画随地乱丢，丢在树林，丢在荒野，丢在家门口的竹园里，惹得他妻子经常到那儿去把他的画捡回来，塞尚毕竟为那些画花了很大工夫，他自己不在乎，但他的妻子却舍不得。

1906年秋，他去河边一个洗衣棚中作画，忽然下起瓢泼大雨，他依然作画。等他趟着泥水回家时，暴风雨劈头盖脑袭来，体力不支的塞尚倒在泥水中，幸亏一辆大车经过，车夫认出了他，把他送回了家。

以后几天，他一边养病，一边还在作画。直到他昏倒在地，妻子从他手里夺下画笔，他才昏迷着倒在床上。以后他一连几天不省人事，终于没有再醒过来。妻子在他的墓碑上刻了一句他常说的话："画家要一直工作到最后一刻。"

第二年，巴黎又举办画展，塞尚终于被公认为后印象派的领袖。他妻子从竹园捡回的画成了抢手货，有人甚至在艾克斯的山沟里，又找到了几幅塞尚扔掉的油画，并以高价出手。可惜这一切，对塞尚已经意义不大了。

·罗丹待客·

法国大雕塑家罗丹（1840—1917年）早年的作品风格朴实，重视性格刻画；后期作品倾向印象主义，还有颓废主义和象征主义色彩。他的代表作有《思想者》、《加莱义民》。

罗丹做事一向专心致志，心无旁骛，有时甚至因此闹出笑话。

有一次，他请了奥地利作家，他的好朋友斯蒂芬·茨威格上他家来做客。客人到时已经是午餐时分，两人坐下来边吃边高谈阔论。两个好友多时不见，见面了自然十分亲热。

斯蒂芬一向敬慕罗丹的大作，极想参观一下他的工作室，看一看他的尚未完成的作品，就说："罗丹兄，我久慕你的大作，能否让我看看你的工作室？我对雕塑这个东西总是觉得十分神奇。"

罗丹马上站起来道："雕塑是件最最普通不过的东西，只是你不屑动手罢了。你吃饱了没有？若是吃饱了，咱们这就去看上一看如何？"

斯蒂芬心中大喜，立即拍拍肚子道："谢谢盛情，肚子早已饱了，不如再去一饱眼福。"

于是两人就离开餐桌去了工作室。其实罗丹的工作室并不大，光线也略显阴暗，四周杂七杂八堆放着一些石膏泥巴、丝团布团之类的杂物，另外还有一些零碎的木片和工具。只有正中一张旧桌子上放着一尊塑像，像上盖着一块灰湿布。

罗丹揭下湿布，一指道："这正是我近日在创作的塑像，还请你多多指教——不，这儿好像有点儿不太对头……对不起得很，我还得修改修改才是……"

他一下子发现了塑像的缺点，就拿起一把抹刀，动手修改起来。

这是一尊少女的半身塑像，塑像上那少女容貌秀丽，如仙女一般，眉目间隐然有一股书卷气。

斯蒂芬一眼就被她迷住了，只是看不出来有什么地方不对头。

然而罗丹却早已全身心地投入进去：他嘴里喃喃自语，一会儿用小刀轻轻刮剥，一会儿又加上一点儿胶泥。只听得他嘴里叽里咕噜地在与这位美少女诉说什么，眼睛里闪烁着异样的光芒。斯蒂芬不敢打扰他，知趣地退过一边，看着他一会儿贴近雕像，一会儿退后几步细细观察。

这时的罗丹早已忘了身边还有一位自己邀来的好朋友。

这样的如痴如醉足足进行了两个时辰，好歹他总算满意了。罗丹微笑着，轻手轻脚地为少女像盖上湿布，然后摇摇摆摆地转身走出工作室大门，随手将门砰的一声关上了。

斯蒂芬正搞不懂罗丹是怎么回事，忽然见他关门将自己锁在屋子里，不由大声叫起来："慢着，好朋友，屋里还有一个人呢！"

罗丹听到屋里有人，这才醒悟过来："该死该死，瞧我这个笨蛋，竟然将朋友都忘了。"

他不工作则已，若是工作起来，其专心致志的程度就是这样。

·柴可夫斯基与《天鹅湖》·

柴可夫斯基是俄罗斯伟大的音乐家,他1840年诞生在边陲小镇伏特金斯克一个矿山工程师的家中。按他父亲的意愿,他曾在彼得堡法律学校学过法律,还当了一阵子行政官员。但他宁愿放弃安定舒适的生活,把毕生精力献给了音乐。他给俄罗斯留下了巨大的文化遗产,其中《天鹅湖》《胡桃夹子》等芭蕾舞剧、《黑桃皇后》等歌剧、定名为《悲怆》的第六交响曲都成为世界名作。他的身体十分虚弱,1893年因感染霍乱在彼得堡去世。

柴可夫斯基的芭蕾舞剧《天鹅湖》是尽人皆知的俄罗斯舞派的典范。但是,就是这样一部光辉的作品,从它诞生,直到誉满世界艺坛,竟然走过了漫长而曲折的路途。它的发展过程,充分体现了成功之路的艰辛和柴可夫斯基崇高的人格魅力。

《天鹅湖》的前身是一段小舞剧《天鹅池》。1871年夏,柴可夫斯基到卡缅卡去看望他妹妹,他带了一份特殊的礼物给自己可爱的外甥们。这是一首取材于德国童话《天鹅池》的音乐故事,讲述一个青年骑士,为救出被恶魔变成天鹅的美丽姑娘,与恶魔搏斗,把它打败,解除了魔法,并与姑娘结婚的故事。主题是正义必定战胜邪恶。孩子们听了这音乐,当然欣喜若狂。

不想过了4年,1875年的春天,莫斯科大剧院约请柴可夫斯基为大型舞剧《天鹅湖》谱曲,舞剧的情节比《天鹅池》曲折,写恶魔罗特巴尔把美丽的公主奥杰塔变成了湖中的白天鹅,只有在夜间公主才能恢复人形。王子齐格弗力特遇上了恢复人形时的奥杰塔,深深爱上了她。恶魔的女儿奥季丽娅为了破坏他们的爱情,装成奥杰塔欺骗王子。王子发现阴谋后，立即奔向天鹅湖取得奥杰塔的谅解，在正义和爱的力量面前，恶魔的魔法终于失去魔力。

柴可夫斯基心中涌满着创作的激情，他太喜欢这个故事了。但是，这是他第一次涉足芭蕾音乐，并没有十足把握。于是，他跟朋友们去西欧旅游，亲自去感受莱茵河畔美丽的风光，还去剧院观察芭蕾舞剧演出，学习舞蹈表演特点，让自己把握相应的曲调规律。

到1876年夏初，柴可夫斯基才完成了《天鹅湖》音乐的创作。他把乐曲交了出去，开始了热切期待，他希望莫斯科大剧院能够把他的曲谱变成一出芭蕾舞，首演就能获得成功。

可惜这次他没能如愿以偿。大剧院请来的编导是一个平庸的角色，他无法理解一位天才音乐家的创作，不是让舞蹈去表现乐曲的精粹，而是让女主角充分表演自己；而演员们更不能理解乐曲，反过来指责《天鹅湖》太交响乐化，他们无法跟上音乐节奏表演舞蹈。于是，大剧院没有经过柴可夫斯基同意，便把编导、演员认为"太难"的曲子删去，胡乱凑上一些大家都熟悉的曲谱。《天鹅湖》的音乐成为一锅毫无特色的大杂烩。

《天鹅湖》的首演，当然失败了。舞台上布景和服装陈旧，乱七八糟的音乐不绝于耳。任何一位芭蕾舞迷都别想从整场演出中获得乐趣。柴可夫斯基在悔恨之余，把责任揽到自己身上，承认这部自己的"处女作"确实没有写好，丝毫没去追究剧院的责任。

但是，是珍珠总会发光，柴可夫斯基的音乐其实受到许多观众的喜爱，特别是没有被篡改的部分，温柔、优雅、凄切动人的音乐主题更让人神伤。到1888年，第二届布拉格音乐会上，演出了原汁原味、新编的《天鹅湖》第2幕，这一次，柴可夫斯基获得了巨大的成功。

·制造伦敦雾的莫奈·

莫奈生于1840年，是法国印象派画的重要代表人物之一。他注重事物给人的感觉，所画事物没有明确的线条和界限，创造了一种绘画的新境界，所作《后台的舞女》等成为印象派的经典作品。他于1926年去世。

莫奈曾经到英国伦敦去作画，那一次的目的，是画一幅威斯敏斯特教堂的风景画。按照莫奈作画的方法，需要用自己独到的眼光，分析被画物给人视觉最强烈的感受，然后用色彩把这种感受表达出来。

可惜的是，伦敦是出了名的雾都，整日里阴沉沉的，连威斯敏斯特教堂的轮廓也不甚分明，哪里能给人强烈的感受呢？莫奈开始也只想在阳光之下一睹教堂的尊容，然后再把它画下来。可是，一等再等，还是无法得到自己企盼的感受。难道此行将无功而返了？

但莫奈还是常常去观察那教堂，看得多了，觉得雾里的威斯敏斯特教堂居然也有一种特别的魅力，于是他抛弃了成见，决定把大雾中的教堂真实地描绘下来。

一幅精美的风景画终于诞生了，教堂的轮廓隐隐约约显现在伦敦大雾之中，哥特式的尖顶直刺天空，而在它的尖顶上空，呈现出一层奇异的色彩，那缭绕在教堂上空的大雾，居然是紫红的颜色！这种颜色让所有的人一时都无法接受。

一般的人，对莫奈那紫红色的雾，只不过是感到奇怪而已。但在保守的艺术家眼中，莫奈的画就变成了大逆不道。各种各样的议论纷纷而起了。有人觉得，莫奈也太标新立异了，世间哪有紫红色的雾呢，人们天天处在浓雾之中，那雾总是灰青色的呀；有的人却指责莫奈故意愚弄别人的感官，简直是哗众取宠，根本违背了绘画的基本原则。

对于种种批评，莫奈却不加辩解，他觉得自己只忠实于感觉，能看到什么便画什么，哪种感觉强烈，就把它用画笔表达出来。美术总不能千篇一律，老是画大家都能感觉出的东西，艺术就不会有进步，只有画出常人无法体验却实实在在的东西，艺术才有了新的生命力和发展前途。

吵吵嚷嚷了好一阵子以后，人们开始冷静下来，有人试着按照莫奈观察的角度去看威斯敏斯特教堂，发觉有时候，那教堂的上空升腾起来的雾确实是紫红色的。不仅在这里，伦敦其他地方也会出现同样颜色的雾，真是神了。在伦敦呆久了的英国人，居然没发现，还是一位外来的法国人，感觉更加敏锐。

英国人做事一向以认真著称。他们在发现这种特异现象之后，就认真研究起伦敦雾变成紫红色的原因来，科学家也参加了讨论的行列。结果大家一致认为，雾变色的缘故是因为工厂烟囱里滚滚的浓烟扩散到空中造成的，此外，伦敦到处建起红砖房，那颜色也映入了浓雾之中。

不管是从感官角度出发，还是寻找科学依据，反正伦敦的雾确实如莫奈所画的一般。艺术家凭他的感觉发现了伦敦雾的色彩，他胜利了。这以后，人们送给莫奈一个称号，称他是"伦敦雾的发现者"。

敏锐的观察力正是艺术家必备的条件。不拘泥于前人的清规戒律，忠实于自己的感觉，正是印象派画家之所以能超越前人的原因。莫奈画的威斯敏斯特教堂正是这种艺术流派艺术实战的结果，它证明了印象派生命力的旺盛和之所以能在艺坛独树一帜的原因。

·轮椅上的画家雷诺阿·

奥古斯特·雷诺阿是19世纪法国著名的画家，他于1841年出生在里摩日一个裁缝的家庭。小时候当过瓷器画工。他的画以人物为主，画的都是他熟悉的人。画面充满生活的快乐，洋溢着青春热情和乐观精神。他曾经两次获得法国的国家奖。虽然他生活充满磨难，但他却一直坚持作画，即使坐在轮椅上，还继续作画。1919年他作完最后一幅画，画了几株银莲花之后，在晚上溘然逝世。

雷诺阿的一生，充满着磨难与艰辛。第一次磨难是在1870年，普法战争爆发了。二十多岁的他被迫应征入伍，他在部队只呆了很短时间就因病回到了巴黎。在巴黎，他听到了一些坏消息，他的许多童年时代的朋友因为参加巴黎公社起义遭到了镇压，他最好的朋友巴齐依也被处死。雷诺阿是位热爱生命的画家，当然表达了自己对朋友之死的同情。就因为这一点儿，他受到了排挤。他的画被人推荐给政府官员，那官员却拒绝订购，原因只有一个，这个官员认为，雷诺阿是一位"革命者"。其实他根本无意参与政治。

后来，雷诺阿和德加、塞尚、莫奈一同举办了画展。可是，他们被称为印象主义"反叛者"的展览。评论界对他们冷嘲热讽，画家们赖以生活的肖像画订货也因为这个缘故越来越少。年轻人的这一绘画团体只得作鸟兽散。塞尚走了，德加隐居起来。只有雷诺阿和莫奈留在巴黎各自为战，继续自己的绘画事业。

为了度过这阶段的艰难时日，雷诺阿要节省每一法郎。他在冬日独自坐在火炉旁，舍不得多添一根木柴，外出办事也宁可步行而不坐车，他十分节省颜料，往往在画布上直接调配而不用调色盘。但是雷诺阿又是一个乐善好施的人，无论是亲戚朋友，还是不相识的人，他的住所对他们总是开放的。他这种品质被一些小人利用，那些人明火执仗对他进行抢劫。有一次，他外出时把画室钥匙留给了一位"业余画家"，回来时发觉自己的画室已被洗劫一空，所有完成的、未完成的画都被偷走了，后来改成他人的画在商店里出售。

即使如此，雷诺阿还是钟情于自己的绘画事业。直到1885年，他的名画《游船上的午餐》问世，他才得以闻名于世。雷诺阿出身平民，他有法国平民的生活经历和敏锐的观察力。《游船上的午餐》的画面色、光、形自然又具有独特的神秘感，整个画面热情乐观，它在1885年的美国画展上大受欢迎，被收藏在华盛顿博物馆内。

可是，人生中的又一场危难又降临到雷诺阿的头上，他因为出外骑车把右手摔断了，后来虽然断骨愈合了，但疼痛时常发作，左眼神经也有部分萎缩，身体也一年比一年消瘦，到后来，他只能坐在轮椅上。但他用顽强的毅力锻炼双手，因为只有保住双手，他才能继续作画。

正因为看到自己的日子不多了，雷诺阿才更加勤奋地作画。他在北方无法克服风湿的折磨，便搬到法国南方的康思。弯曲的手指无法紧握住画笔，他便在手心塞一块柔软的布片，靠它夹住画笔。他的画越来越成熟，崇拜他的人越来越多。

1919年，他应邀去巴黎参观卢浮宫，当时卢浮宫里收藏着他的作品。他无法步行，只得由人抬着小轿子从一个展厅到另一个展厅。这一天，整个卢浮宫里只有他一个参观者。这也是伟大的画家跟艺术之神的告别，3个月后，雷诺阿就离开了人世。

·现实主义画家列宾·

列宾（1844—1930年），俄国杰出的现实主义画家，曾创作过大量富于思想性的历史画、风俗画和肖像画。他的代表作有《伏尔加河上的纤夫》、《查波罗什人》等。

列宾当年有位邻居，是位工程师。这人为人谦和、温顺多礼，只是他的夫人却令人不敢恭维。

这位夫人生得肤色黝黑、身材高大，高鼻深目、容貌丑陋，目光中尽是凶气，两根尖尖的犬齿露了出来，便似要咬人一口，加上她平日里行事任性，喜怒无常，许多人见了她都敬而远之。

偏偏她见了列宾甚是谦和有礼，还时不时地上他家来问寒问暖，有什么可以插手帮忙的，有时还要为他干些活儿。一去二来，列宾不但对她不生憎恶，反而有了好感。

有一次，她为他屋外的草坪除杂草，干这活儿时得长时间蹲在地上，双手拔草，十分劳累，一不小心还会割破皮肤。列宾一直想自己动手，总是下不了决心，这次由她除了杂草，草坪焕然一新，列宾十分感激，道："多谢夫人为我劳苦多时，无以为报，我定当为您画上一幅好肖像画，让您挂在屋里。"

这个名叫娜塔莎的女人早知列宾是位名画家，其实早已想得到他的一幅画，只是不知如何开口，听他这么一说，自然求之不得，便说："先生肯为我画上一幅肖像画，真是我的荣幸。人家都说先生画得一手好画，只要您肯动手，这幅作品一定会栩栩如生的。"

列宾正在兴头上，说："岂止栩栩如生？我要画得您像个下凡的仙女，美丽又活泼，人见人爱。"

"先生说话可算数？不要开我娜塔莎的玩笑。"娜塔莎又追上一句。

"当然，当然，哪有说话不算数的？"列宾乐呵呵地说，"今天天色已晚，明天一早，一定为您画。"

第二天，娜塔莎打扮得花枝招展，早早来到列宾家门口，列宾高喊一声，连忙端出一把椅子，让她坐在草地上，专心致志地为她画了起来。

他边画，嘴里边喃喃地说："是啊，是啊，樱桃小口……容光照人……我要将您画成天仙一般……一个乐于助人、诚挚善良的女人，容貌绝对得像天使一般……"

娜塔莎坐在那里一动不动，心里犹如灌了蜜糖，甜滋滋的。

这时，正好列宾的朋友丘科夫斯基来他家拜访，列宾朝他一点头，道："请稍等片刻，待我将这个仙女的肖像画完。"

丘科夫斯基道："你只管忙自己的，我也不过是顺道来坐坐。"他突然转低了声音，"喂，我听见你刚才在说什么要将她画成仙女来着，你不是在拿她开玩笑吧？"

列宾道："这是哪里话？难道画架上的不是一个世上难寻的仙女吗？"

丘科夫斯基张开了嘴巴，是吗？画布上画的可是一个粗俗不过、丑陋无比的恶婆娘啊。若是等会儿让她看到了，她不一刀杀了列宾才怪呢。

不过，话又要说回来，列宾并没有一丝地丑化她，娜塔莎本来就是这么一个丑妇呗。

待到画一完成，娜塔莎站起来一看，天啊，画上活脱脱画着一个娜塔莎，她目光凶狠，嘴角狡狯，神态粗俗，表情阴险，要多丑有多丑。

娜塔莎忍不住"哇"的一声哭了出来："列宾先生，我……我就长得这副样子吗？"

列宾惊诧地站在那里半晌做声不得。真的，他并不想将她画成这个样子，但是，他是一位伟大的现实主义画家，纵然他的内心想将她画得好看一点儿，但他的笔由不得他，还是忠实地记录了娜塔莎的本来面目。

·苏里科夫寻狗·

    1878年的冬天，俄国著名画家苏里科夫在他的画室里，已经忙碌了好几个月了。他废寝忘食，夜以继日地在占了大半面墙的画布前，一会儿沉思，一会儿挥动画笔，一会儿在画桌上构思草图。一幅《女贵族莫洛卓娃》的油画主要部分已经完成。画的中心部位，是一位贵族妇女的肖像，她戴着用羽毛装饰的帽子，穿着白狐皮大衣，斜倚在一辆马车上。她的脸上流露出矜持的笑容，微笑里又透出一丝空虚和无聊。这种贵族妇人，苏里科夫见得多了，他要在自己的画里，刻画出这一类人的精神世界。

    本来，一幅画的主体已经画成，画也就算基本完成了。苏里科夫只要在马车后边添上街道，画几处具有时代特征的形象，整幅画就可以算作大功告成。

    可是，当苏里科夫想按照原先设想的草图，在街道拐角的地方画一个牵着狗的流浪汉时，他突然感到一阵茫然，流浪汉该是什么表情？他与莫洛卓娃之间如何呼应？那条小狗该是什么品种？是站还是跑？该不该摇尾巴讨好自己的主人？一切的一切，好像都无法确定。苏里科夫停下画笔，心头升起一阵阵烦躁。

    按一般人的看法，一幅画有它的中心，就好比戏台上有个主角，主角演好了，观众不会对一个跑龙套的吹毛求疵。况且，对一位大画家的作品，别人更不会举着放大镜，去挑剔背景上的一个小人物，大可不必为一个细节去大伤脑筋。

    苏里科夫却不这样想，他要追求的是绝对的艺术上的完美，决不能让自己的画出现哪怕是一处小小的败笔。于是，他毅然停下了创作，他要到生活中去，寻找流浪汉和小狗的原型，把最满意的形象奉献给观众。

当时的俄罗斯，城市里到处是流浪汉，苏里科夫一连画了十几张速写草图，再把那些流浪汉的特征集中到自己的画稿上，终于有了比较满意的结果。可是，要画一条流浪汉的狗，却遇上了更大的麻烦，他画来画去，总觉得很不满意。

苏里科夫见的狗本来不算少，贵夫人抱的哈巴狗是不能用的；警察署里竖着耳朵的警犬太凶猛，跟流浪汉又不相称；马戏团的小花犬太灵巧，流浪汉训练不出来；街头随处可见的、在垃圾箱翻食物的野狗又太寒酸……画什么狗好呢？

苏里科夫一筹莫展，只得再一次走上街头，去寻找画中的流浪的小狗。那段时间，他天天在街头巷尾徘徊，远远看到有条狗出现，便仔细地定睛观察，然后摇摇头，再去寻找下一个机会。有时候，他索性站在码头上、戏院门口，把每一只经过身边的狗都画下来，带回画室研究。渐渐地，他的桌上堆起了一大叠"狗画像"，可其中没有哪张是他满意的。

在一个刮着大风的傍晚，苏里科夫在广场上站了一天，累得只想回到床上美美地睡上一觉。突然，他发现远远的一条胡同口，一个穿着黑色衣服的老太太，正牵着一条小黑狗穿过大街。老太太可能有事在身，匆匆地在风中走着，她那条小黑狗不情愿地被拉着往前赶，小黑狗的一条后腿有点跛，跑起来一跛一跛的。

苏里科夫见了一阵欢喜，这才是他要寻找的形象。为了把这条狗画下来，苏里科夫拔腿便追，这样的机会千万不能错过。

那老太太原本离苏里科夫很远，而且急急忙忙地赶路，眼看就要在苏里科夫的视野里消失。这时，苏里科夫急了，迈开大步，拼命地在后面追赶。一溜小跑，终于气喘吁吁地追近了那个老太太。

苏里科夫正庆幸自己没有错过好机会，打算叫住那个老太太。这时，老太太发现有人在追赶他，也弄不清追来的人是谁，心想也许对自己不利，便惊慌失措地跑了起来。苏里科夫弄巧成拙，他步子迈得更大，喘得连话都说不出来了。

又追过两条街，苏里科夫好不容易才在老太太想钻进胡同前追上了她。两个人喘了好一阵才说上话，一场虚惊的老太太听明了原委，才放下心来，让苏里科夫给自己的狗画了几张速写。

素材终于齐全了，苏里科夫这才完成了自己的作品。在他那幅《女贵族莫洛卓娃》上边，靠近大街尽头的一处胡同，胡同口画了一个匆匆赶路的流浪汉，他牵着一条黑色的小狗，那小狗在跟着主人流浪的途中受了伤，为了不落下来，它正拼命赶上主人的步伐，微微跛着的后腿，正缩往小狗的肚子。

这样处理画面，既真实地反映出流浪汉与小狗之间的关系，又给画面创造了特定的环境，跟悠闲的贵族妇人形成鲜明的对照。大画家的作品跟别人的画就是不一样，画面上每一处都体现着生活的真实，又表达了作者对生活的思考。

当人们了解苏里科夫找狗画狗的故事后，再去欣赏他的名画时，心中不禁升起由衷的敬意。

·工人作曲家狄盖特·

1868年6月，法国里尔地区的卡费特家具制作公司里来了一个小伙子，他的工作是拉木料、运家具。小伙子干活很卖力，好像从来没有感觉到累，常常是一边拉木料，一边唱着歌。

一天，同他一块干活的人问道："喂，小伙子，你唱的什么歌？"

"是啊，很好听，我们从没听过！"

小伙子挠挠头，不好意思地说："是我自己写的歌，叫《运料歌》，就是我们干活时唱的歌。"

"噢，你会谱曲，太好了，你叫什么名字？"一个满脸大胡子的人走到小伙子身边亲切地问道。

"狄盖特。"

大胡子说："狄盖特，你愿意参加我们工人合唱团吗？"

"愿意！"狄盖特爽快地答道。

从此，狄盖特就参加了里尔地区的工人党组织的"工人之声"合唱团，投身了工人运动。后来，狄盖特才知道，那个大胡子就是合唱团的领导人，叫罗伯·卡西特。

狄盖特加入合唱团，很快成为一名骨干，他不仅为合唱团谱写革命歌曲，还亲自担任合唱团的指挥。

1888年夏天，法国社会主义工人党开展纪念伟大的无产阶级革命家、诗人鲍狄埃的活动。一天傍晚，狄盖特刚开完会准备回家，卡西特在后面叫住了他："狄盖特，有一个重要的任务交给你。"

"是叫我作曲吗？"

"是的，我这里有一本鲍狄埃的诗集，里面收集了他的主要诗篇，你可以选一些谱上曲。我们纪念鲍狄埃的最好方式也许就是演唱他的诗歌。"卡西特说完，把一本诗集送给了狄盖特。

狄盖特回到他居住的那间破旧的地窖，立即翻开诗集。鲍狄埃那一首首洋溢着革命激情的诗篇，深深地把他吸引了，他一篇一篇地仔细读下去。

当他读到《国际歌》时，胸中好像有一团烈火在燃烧。1871年巴黎公社震撼寰宇的革命斗争，千千万万的工人群众为建立世界上第一个红色政权与资产阶级进行的殊死搏斗，以及当第一面红旗在巴黎城头升起，广大革命群众热烈欢呼新世界的到来等雄伟场面，好像一一浮现在他的眼前，同时，巴黎公社后来遭到凡尔赛匪徒镇压，无数阶级兄弟姐妹惨死在敌人罪恶的枪弹下的景象，也好像就浮在他眼前。

这时，狄盖特猛地站起身，走到他那架简陋的风琴前。他决定全力以赴地为这首反映巴黎公社伟大精神和理想、总结巴黎公社经验教训的《国际歌》谱曲，以便让千百万工农群众高唱这支伟大的革命歌曲，像巴黎公社战士们一样，为了全世界的解放，同一切压迫人民的反动势力作最后的斗争。

这天夜里，狄盖特通宵未眠，他一会儿坐在风琴前有力地弹奏着，一会儿又伏在桌上急速地书写着。有时，他又放声大唱起来；有时，为了琢磨一个音符，研究一段节奏，他又静静地思索、修改……此刻，在狄盖特的胸中乐思如涌，全部的激情都化成一段段的乐曲。

第二天早上，太阳从东方升起，一缕阳光从地窖的窗口射了进来，狄盖特终于完成了全曲的初稿。

在满怀革命激情的狄盖特的努力下，《国际歌》诞生了。

狄盖特冲出地窖，飞快地跑向合唱团，他一把拽住卡西特，激动地说："好了，我谱好了《国际歌》！"接着，他放声高唱起来：

起来，饥寒交迫的奴隶，

起来，全世界受苦的人，

狄盖特激越昂扬的歌声，一下子震撼了卡西特的心。歌声一停，卡西特紧紧握着狄盖特的手："太好了！你谱得太好了！唱出了我们的心声！"

不知从什么时候，狄盖特和卡西特的身边已围满了合唱团的队员，大家齐声说道："狄盖特，快教我们吧！"

《国际歌》很快在合唱团里唱开了，不久，这曲子又传遍大街小巷，传遍法国，传遍全世界。

今天，当我们高唱《国际歌》时，我们应深深感谢这位伟大的工人作曲家，感谢他以满腔的革命激情和卓越的艺术技巧使《国际歌》以震撼人心的雄伟壮美的曲调响彻五洲四海，激励全世界无产者团结起来，为"英特纳雄耐尔"的实现而英勇战斗。

·心系贫民的梵·高·

1853年，梵·高出生在荷兰北部布拉邦特州的一个小村里。他的父亲是位牧师。他当过画店的店员，在博里纳日矿区传过教，既接触了艺术作品，又目睹了贫苦矿工悲惨的生活。日后他学习美术，坚定地把这两者紧密地结合在一起。他的画大多反映贫民的悲苦，如《吃马铃薯的人》、《夕阳和播种者》。他疯狂地作画，劳累很快地损害了他的健康，1890年，37岁的伟大画家便离开了人世。

1885年，梵·高创作了他那幅著名的画《吃马铃薯的人》。画面上，农民一家子围坐在狭小的农舍里，围着昏黄的灯光吃晚饭，食物只有马铃薯。一天的劳累，长年缺乏营养，使得一家人再也没有一点儿谦让，他们伸出手，猛抓碟子里少得可怜的马铃薯，狼吞虎咽。他们的神态，他们的心理，梵·高早已十分熟悉。在贫穷的矿区，在安特卫普农村，他总是看到这种饥不择食的贫民。梵·高要以一个贫民的身份，告诉上流社会，是这些人用双手劳动种出了所有的食物，人们应该正视与尊重他们的存在。

后来，梵·高家中发生了变故，父亲去世，母亲又得了重病。梵·高为了自己的绘画事业，毅然离开了家庭，去了法国，没想到，这就是跟祖国最后的告别。他来到巴黎，又去了法国南部的阿尔小城，那里便成了他最后的栖身地。

于是，荷兰和巴黎少了一位伟大的画家，阿尔却多了个终日在野外画画的穷汉子。梵·高在一个中午时分，走下了三等车厢，随意走进一家小旅店住了下来。和往常一样，在这肮脏的客店里，梵·高有一半时间还得勒紧肚子，他要为买颜料节约每一分钱。

第二天，梵·高就抓起画架、颜料和画布，奔向阿尔城山脚下的河边，他看到了吊桥、吊桥上有辆小车正在通过。蓝天，河水，橙黄的河岸，青青的草地，一群身穿罩衫、头戴五颜六色帽子的洗衣妇，正在树阴下捣衣……多么美妙的大自然，多么熟悉的人们！梵·高立刻支起画架，冲动地作起画来。这幅画被陈列在挪威的博物馆，直至今天。

果园花开了，他去画；麦子熟了，他去画；风刮起来，他也去画。八年来，他的努力奋斗，在这时开花结果。在阿尔城，他得到了丰收，这一阶段，成为梵·高创作最多的日子，许多著名的画，就是在这一时期诞生的。

《夕阳和播种者》画着一大片似乎在向地平线攀登的泥土块，土地上是正在劳作的播种者，远方的地平线连接着一片成熟的麦田，太阳发出橙黄的光，凌驾在天空和大地之上。这正是作者最热爱的农村，他热爱并歌颂它。

《邮递员罗兰》画的是一位法国男子，蓝色的邮递员帽下，有一双温柔好奇的眼睛，弯曲如波的胡子一直垂到暗蓝色的上衣前。他表情忧郁，一点儿不做作，他的脸，是一张朴实而厚道的农民的脸。在梵·高的肖像画里边，只有工人、农民的形象。

梵·高住在小旅店很久了，旅店的老板把他当成了一块肥肉，每个月提高租金，还要收他的画的保管费，主人的贪婪令梵·高无法忍受，他只得到外面租房子住。这一决定使他口袋里只剩下30法郎，他的日子更难熬了。

后来，疾病又纠缠住他，他被送进了医院，但在医院里，他还是照常出去作画。一天，他在田野作画，忍不住烈日的暴晒，他的病发作了，精神紊乱之中，他掏出了手枪，朝自己的腹部开枪。第二天，一位天才画家便离开了人世。

·创立自己的艺术体系·

康斯坦丁·斯坦尼斯拉夫斯基1863年出生于莫斯科一个工厂主家庭。他是一个伟大的演员和新戏剧体系的创始人。他的演出实践和艺术体系，对俄罗斯和苏联时期的戏剧理论有十分深刻的影响。在世界艺术史上，也有着广泛的影响和崇高的地位。斯坦尼斯拉夫斯基晚年着重写作，总结经验，培养人才，他于1938年去世。

斯坦尼斯拉夫斯基第一次演出时只有4岁。但是，那一次失败的演出给了他深刻的影响，使他开始认识到舞台表演的深奥。从那时起，他就开始寻找一种合理的艺术方式，经过多年的精心研究，他终于创造出自己的演出体系。

斯坦尼斯拉夫斯基当时演的剧作叫做《一年四季》，他演的角色是"冬季"。一个只有4岁的孩子，身穿大衣，脸上还贴着几绺往上翘的白胡子，坐在地板上，什么事也没有。导演告诉他，当幕布再次拉起来的时候，他必须捡起一块木片，把它放到蜡烛火焰上去。但是，在舞台上，什么事情只不过是装装样子，木片无论如何不能真的点燃。但是，当戏开始以后，小斯坦尼斯拉夫斯基并没有听导演的话。刚才呆呆地在舞台上坐了那么长的时间，什么事也不能干，他已经十分难受了，只觉得舞台简直像一个令人窒息的牢笼。现在，总算能动弹一下了。斯坦尼斯拉夫斯基很自然地捡起了木片，伸手把它往火焰上凑去。

这时候斯坦尼斯拉夫斯基才觉得自己非常地惬意，他已经回复平静，一个小小的动作让他不再在众目睽睽下手足无措，他虽然依旧是"冬季"，从内心却恢复了真实的自我，他成了一个玩火焰的孩童。

结果自然十分糟糕，他手上的木片被点燃了，很快用棉花做成的"翻毛皮"大衣也被燃着。全场一片大乱，"冬季"被迅速抱到了托儿所，幸好人没有烧伤。到了托儿所，斯坦尼斯拉夫斯基才哇的一声哭起来。事后他回忆，当时他哭的原因并不是受到了惊吓，而是自己的表演突然被中止，他委屈极了，还想继续自己真实的表演。

孩童时的表演，让斯坦尼斯拉夫斯基确立了当演员的艺术道路。从中学生时代开始，他就跟同学们一起演戏。他演的第一个正式角色是当喜剧演员，那里边的主角都是要歌唱的，但是他的嗓子不适合当歌唱演员，于是斯坦尼斯拉夫斯基当上了话剧演员。

他认真观摩著名演员的演出，当意大利著名演员萨尔维尼到莫斯科演《奥赛罗》时，他连续8次去观摩。但当他自己也开始演同一个剧本时，却绝对不去照搬照抄。《奥赛罗》一炮打响，斯坦尼斯拉夫斯基终于成为俄罗斯著名的话剧演员。

以后，他接连演出契诃夫、陀斯妥耶夫斯基的名著，一场比一场演得好，他成为莫斯科大剧院的台柱，把这个剧院改造成整个俄罗斯最出色的剧院。他带着剧团出国演出，在国外也收到了良好的效果。

在不断实践的基础上，斯坦尼斯拉夫斯基开始考虑，一定要建立自己的艺术体系。他回忆了从4岁开始自己实践和成长的过程，得出一个结论：在舞台上，演员的任何演出都是违背自然的，必须背离自己，去创造一个其他的性格。而演技的高低正是让不自然的状况变成生活真实的关键。

于是，他把演出技术分列成许多部分，寻找出训练的办法，要求演员一部分一部分地提高表演技术，从而达到现实生活在舞台上的再现。这便是他的艺术体系。在这种体系指导下，艺术学院和大剧院培养出了一批批优秀演员，斯坦尼斯拉夫斯基也成为一代戏剧表演理论宗师。

·正义的版画家珂勒惠支·

　　凯绥·珂勒惠支是20世纪最伟大的版画家之一。她1867年出生在当时东普鲁士省省会哥尼斯堡一位建筑师家中。她一生经历了两次世界大战，历尽磨难。她在第二次世界大战结束前夕，于1945年4月去世。她的版画作品《织工起义》、《农民战争》以及"母亲"系列，深刻地表达了下层人民的苦难。作者反对战争、争取和平的信念，受到世界各国人民的欢迎。中国的大文豪鲁迅就借她的版画《牺牲》来表达自己对左联五烈士深切的怀念，可见她的版画感人至深。

　　珂勒惠支很早就表现出她的艺术才能，开始时她只是创作些静物和人像。1891年后，她跟随当工人保健医生的丈夫，深入到贫困的工人居住地巡诊，目睹了劳动者的艰辛，了解了他们失业、饥饿、绝望的状况，开始萌发了刻画工人苦难的主题。她曾经想根据文学家左拉的名著《萌芽》创造一套版画。但是，有一次她观看了霍普特曼的剧本《织工》，深深地被剧本中的情节打动，便放弃了《萌芽》创作计划，用了整整5年时间，创作了举世闻名的版画《织工起义》。

　　《织工起义》是一组宏大的版画，描写德国西里西亚地区的手工织机匠无法忍受封建主义和新兴资本家的压迫剥削，最终奋起反抗的故事。全组版画共有六个部分。第一部分是"贫困"，表现织工的艰辛生活；由贫困导致"死亡"，反映织工们挣扎在死亡线上，已经无法谋生；死亡又引发了"讨论"，刻画了工人的觉醒；觉醒了的工人开始抗议，这就是第四部分"织工的行列"；抗议的浪潮终于形成了面对面的搏斗，"突击"这一部分描绘了工人们团结起来，冲向资本家华丽的住所；最后一部分是"结尾"，勇敢的工人们终于被普鲁士军队枪杀，工人运动被残酷地镇压。

珂勒惠支根据她对工人群众的了解和同情，以一个艺术家的良知和独特的女性视角，细腻地刻画出工人们的内心世界，表现出他们的苦难和斗争，记载了西里西亚工人起义这一伟大的历史事件。

《织工起义》是1898年创作完成的，同年在柏林的美术展览会上展出。版画同情工人生活和斗争的立场立即受到广大观众的欢迎，并以很高的价格被购买，展览会一部分资深的评委也给了它充分的肯定，决定颁发给珂勒惠支金质奖章。

但是，当时的威廉二世却蔑视这一组版画作品。国王反对表现社会底层生活，更反对表现他们的反抗，他不能容忍对自己权威的挑战，于是，这位专制的皇帝动用了自己的否决权，取消了《织工起义》的金质奖章。珂勒惠支的杰作第一次在国内遭禁，柏林的艺术家们，只能把她的版画送到伦敦去展出。购买了这套版画的德国美术馆也只能把它束之高阁，在馆内收藏起来。

让珂勒惠支更惊讶的是，过了30多年之后，另一位更加专制的魔头也像威廉二世一样，拿自己的作品开刀，再一次禁止版画的展出，那位穷凶极恶的专制狂魔就是法西斯头目希特勒。

德国法西斯在夺取政权之后，反动势力恶性膨胀，坚持真理和正义的珂勒惠支跟爱因斯坦、海因利希共同签署了反纳粹的呼吁书，于是她便成了纳粹的眼中钉。戈林叫嚷，要整治"颓废艺术"。他们从珂勒惠支儿子家里，抄走版画家大量作品，放风说要把她全家关进集中营。他们还宣布珂勒惠支的一些作品是"颓废艺术"，从柏林举行的雕塑150年回顾展览中撤掉她所有的作品。戈林一方面不许珂勒惠支的作品出国展览，一方面偷盗珂勒惠支的作品运往国外出售，借以中饱私囊，甚至在刊载珂勒惠支作品时，署上别人的名字，演出了一场场令人作呕的丑剧。

珂勒惠支决不屈服，她在风烛残年，依然创作了一批反战版画，并冠以"不准碾碎种子"的标题。直到临终，她还说道："我将抱着这个信心死去，人民必须努力争取，他们终久会达到目的！"

·难忘故土的蒙克·

　　爱德华·蒙克是挪威最伟大的画家。他是一位军医的儿子，1863年出生在奥斯陆600千米外洛登城一个叫安格霍的牧场里。他在上大学时便有作品问世。成名之后，在挪威难以发展，于是长年居住在法国和德国，晚年才回到祖国。他的画不拘旧俗，是西方表现主义艺术的先驱，为现代绘画艺术奠定了基础。

　　从1889年开始，蒙克的作品开始在艺术界走红，他的作品开始登上巴黎的艺术殿堂。那一年，他送上了两幅画，一幅是《春》，一幅是《汉斯·亚格》。其中肖像画《汉斯·亚格》别具一格。亚格漠然地坐在一间很冷的房子里，他的右脸露出冷冷的嘲笑，左脸却露出恐怖神情，画作描绘了一个暮年人的心理，给人深刻生动的印象。蒙克表现的手法和主题，都与寻常的艺术家截然不同。

　　但是，正当蒙克顺利发展之际，他跟艺术界的组织却发生了一系列的矛盾。在挪威，人们谣传他用国家的奖金去游山玩水，甚至在报刊上也出现了一篇名为《艺术奖金的滥用》的文章，公开攻击蒙克。蒙克不肯与国家艺术界妥协，便自行在奥斯陆举办了一个私人展览会，这一下，他便跟艺术界的知名人物们一刀两断了。蒙克只得移居国外，开始住在法国的首都巴黎。

　　后来，蒙克又不合时宜地从法国送些画去参加柏林的画展。当时德国占据领导地位的那些画家们，正在反对本国的一些年轻艺术家。这些年轻艺术家努力打破旧传统，提倡向法国和其他外来艺术学习，老画家们认为他们离经叛道。于是，展览会的组织者们就杀鸡给猴看，把怒火全都发泄到从法国送画的蒙克头上。

蒙克的画在展览会上招来一片责难，评论界齐声责骂，观众也受了影响，一起嘲笑他的画，认为蒙克的画是对艺术的亵渎。因为观众和评论界反应如此强烈，德国的美术家协会还召集了特别会议，投票决定蒙克的画该不该继续展出。结果可以预料，第二天，蒙克的画就被从展会上撤了下来。

不过，这种对外国艺术家极不公正的态度，反倒提高了蒙克的知名度。一批年轻的德国艺术家认为，无论如何不该由自己国家的美术家协会，去投票决定外国画家的作品的水平高低，他们同情蒙克，支持他留在德国，跟那些胆怯的人们斗一场。于是，蒙克在柏林租了间屋子，像上一次在挪威一样，自己办起了个人画展，争取到了许多同情者。画展过后，他也没离开柏林，在德国一住就是四年，还创作了他著名的组画《生命》。到了第三年，他更创作出最著名的作品《斯芬克斯》（又名《女人》），画像描绘出性格多变的女人。

蒙克在国外取得成功，并不等于在国内同样取得成功。离开德国之后，他又想回国举办画展了。但是，这次画展的结果更悲惨，他的画被骂为"变态的作品"、"神经衰弱的艺术"，有人甚至说，他的作品是受到他神经衰弱的父亲遗传的影响。公众对他的攻击达到了无以复加的地步。

只有一个人支持他，那就是同样背着骂名的大戏剧家易卜生。

易卜生公开宣布，他的《死者复生的时刻》中对三个女性的描写，就是受到蒙克那幅《斯芬克斯》的启发。易卜生写信给蒙克："你有许多敌人，也会有更多的朋友，对你是这样，对我们也如此。"

当然，蒙克再也无法留在挪威，只得又回到了艺术之都巴黎。直到蒙克在国际上声望大震，他的祖国才肯接纳他。

蒙克在家乡附近买了房子，改装成画室，他留在了自己的祖国继续创作。1944年，蒙克留下了遗嘱，把他所有保存的作品都献给了奥斯陆博物馆。共有1000幅油画、4500幅水彩画和素描。虽然官方以及那批保守分子对他进行过那么多攻击，但他对自己的国家仍是一往情深。

·不屈的大提琴家卡萨斯·

　　西班牙大提琴演奏家卡萨斯，1876年诞生在西班牙小城万德里尔，4岁开始学音乐，14岁演奏大提琴获奖。在大提琴演奏技巧方面取得卓越的成就，当代著名的大提琴手都曾受过他的影响。和所有著名的音乐家一样，他的艺术生命极长，一共延续了80多年，1973年离逝世前4个月，他还在波多黎各公园广场举行最后一场演奏会。

　　1942年，卡萨斯正在法国。当时法国已经沦陷，他已经无法离开。卡萨斯的家住在普拉迪斯，盖世太保大肆追捕爱国者和反纳粹战士，把普拉迪斯搜了个遍。他们也闯进了卡萨斯宁静的住宅，但是又找不出任何可以把卡萨斯治罪的证据，只得悻悻离去。

　　从此，卡萨斯整天呆在家中，等着法西斯纳粹冲进自己家，把自己抓走。身后诸多事宜，他都安排好了，甚至连遗书也已写好。对法西斯分子，他有充分的认识，他宁愿牺牲自己的生命，也不会向他们低头。

　　这一天终于来了，那天，卡萨斯正在书房的书桌前写信，从窗口看到一辆军车猛然在自己住宅前刹车。从车上跳下3个纳粹军官，大模大样闯进庭院，直朝屋门走来。卡萨斯放下笔，心中升起一个念头：这一次，恐怕是凶多吉少了。

　　3个军官走近卡萨斯书房，在门口举起右手，行了军礼，自我介绍说，他们是音乐爱好者，听说大师住在这里，特来拜访，还假惺惺地问寒问暖，六只眼睛东瞧西望。

　　一个军官立即唉声叹气，问卡萨斯是不是缺少粮食和燃煤，他答应回去立刻派人送来。卡萨斯断然拒绝了，说自己什么也不缺，比起那些挨饿的法国人来，自己要好得多了。

"是呀，"另一个军官接上茬儿，"现在法国人的日子是苦，您为什么还住在这里？您为什么不回西班牙去？佛朗哥先生是一位十分爱护人才的总统，一定会好好照顾您的。"

"是吗？"卡萨斯哂然一笑，"我可是被他赶出来的。今天我回到马德里，明天太阳出来之前就会被枪毙。原因只有一个，我说了些真话。在那里，说真话的人就会被关进监狱。我可不愿意去受那个罪。"

看来是话不投机半句多。3个纳粹军官只得说明来意：他们是奉元首之命，千里迢迢赶来法国，邀请卡萨斯去柏林演出。元首是一位热爱艺术的人，一定会像对待贵宾一样接待卡萨斯先生。如果方便的话，他们可以安排最好的列车，明天就接卡萨斯上路。

卡萨斯摇着脑袋，回答说："我听说你们的元首跟佛朗哥可是好朋友，我只怕被他出卖了，没去柏林，先进了鬼门关。况且，这些日子我肩伤犯了，半年多没拉琴，即使到了柏林，也只会给你们元首丢脸。免了吧。"

3个军官缠着卡萨斯左说右说，说了两个钟头，卡萨斯就是不答应。3个人觉得无趣，只得灰溜溜出了书房。

卡萨斯从窗口瞧着他们登上了军车，又商量了一阵，突然，他们又一齐下了车，急匆匆走回书房来。难道他们要用强迫手段，硬拉卡萨斯上车不成？卡萨斯昂起头，挺起胸，把双手放在背后，等着他们冲过来抓人。

3个军官并不敢抓人，他们回来，是想拍一张卡萨斯在书房的照片，好回去交差，证明自己确实来请过卡萨斯。不过，他们的照片里，只拍到卡萨斯高高昂起的头和不屑一顾的眼神。

·邓肯为谁而舞·

　　美国舞蹈家邓肯是现代舞之母。她1878年生于美国旧金山，自小学习芭蕾舞，到英国寻求发展时，历尽艰难，终于红极欧洲。后到法国、德国、意大利、匈牙利、苏联演出，并在巴黎、苏联开设舞蹈学校，建立自己的舞蹈体系。1927年，她在意大利准备演出一台新的节目，其中包括但丁的《神曲》，在旅途中因长长的红围巾卷入车轮而不幸遇难。

　　邓肯在伦敦获得成功之后，开始了她在欧洲的演出活动。她在舞台上创造的一系列飘飘欲仙的纯洁的形象，以及她突破古典芭蕾的舞蹈技巧得到了巴黎、维也纳、柏林观众如痴如醉的狂热赞赏。当她伴着观众熟悉的贝多芬、肖邦、施特劳斯的音乐翩翩起舞时，人们把她看成音乐的精灵。一些才华横溢的艺术家也异口同声地称她为"世界上最伟大的女性"、"新时代的曙光"。

　　但是，邓肯宁可面向广大的观众，却不肯接受欧洲那些王族贵胄们的邀请，对王权和财产邓肯不屑一顾。

　　20世纪初，她应邀去柏林参加一个艺术节，顺便在中欧各地巡回演出。

　　有一天，她来到匈牙利的七星镇，本来在这里她没有演出任务。但当她听说，这里曾经出现过七位为民族解放战斗的英雄，起义失败后被奥匈帝国绞死，当地人民为了纪念他们，把他们喻为天上的七颗星斗。邓肯抑制不住心头的激动，一定要在这里进行一场演出。

　　演出的场地就定在城外的空地上，镇上的居民倾城而出，争相一睹著名舞蹈家的演出。演出开始了，伴随着李斯特激昂慷慨的音乐，邓肯跳了一支进行曲节奏的舞蹈，表达出光荣牺牲的烈士们英勇向前的精神。围观的人们齐声鼓掌，替她的舞步击打节奏。演出结束，深受感动的观众久久不愿离去。

在回程路上，邓肯又来到了柏林。当她从剧院出来准备乘马车回旅馆去的时候，发觉狂热的大学生已包围了她的马车，把她车上的马都卸了下来，准备亲自为她拉车，送她回旅馆去。

邓肯没有办法，只得登上车，让大学生们拉着，通过柏林的大街。一路上，学生们欢呼雀跃，简直像在举行一场声势浩大的游行。当人流通过凯旋大街，狂热的学生们要邓肯发表演说，举起她，让她站到了马车的顶上。

站得高了，邓肯一眼就瞧着了耸立在街心的德皇的雕像。德皇骑在一匹马上，高举着剑，一派夸耀武力的强悍形象。邓肯想起了中欧弱小国家被征服、人民被杀戮的景象，不由得从内心升起一股厌恶。

"世界上最高尚的艺术是什么？"邓肯开始演说，"莫过于造型艺术了。你们是爱好艺术的，但是，你们怎么能让这种丑陋的造型存在于城中？如果你们真的是艺术的信徒，你们就应该捡起石子，捣毁这些东西。这些东西决不是艺术。它只是你们皇帝的英雄梦！"

邓肯的崇拜者，那些德国大学生们听了她的演说，发出一阵阵的呐喊："打倒它！推倒它！"好些人果真捡起路边一切能捡到的东西，掷向那座立在街心的德皇石像。要不是警察早已听说学生们正在游行，派来了大批人马，保护那座石像，说不定大学生们真的会把德皇的石像掀个底朝天呢。

·战乱中的保罗·克利·

保罗·克利是20世纪最受欢迎的艺术家之一。他1879年出生在瑞士首都伯尔尼附近，父亲是一位德国人，在那里的师范学校教音乐。克利在第一次和第二次世界大战中备受煎熬，他开始用隐晦的手法表达自己对战争与死亡的憎恶，他的符号画不大容易被读懂。他的最后一幅画《天使，还是丑陋的》作于1940年，到他去世时，这幅画还立在病房的画架上。

第一次世界大战爆发时，克利已经35岁了。他不愿舍弃自己心爱的艺术，希望政府不要把自己拉上前线。但是战争没有忘记他，他终于也被征召入伍，由于他是位画家，分配任务时特别照顾他，他只被分配到工厂去，给飞机描绘号码，后来又成了空军学校的办事员。但是，战争给克利带来的痛苦远不止这些。他的一位挚友法西兹·马尔克中尉在战斗中身亡。这个噩耗像一道闪电一般击中了克利的心。他立即创作了一幅水彩画。画面上，一处沉寂的丘陵边，一条垂落的枝条上，有一朵凋零的花朵，这是痛苦的象征，克利给这幅画起了个名字：《悲伤的花朵》。他用标题启发人们，这幅画就是他为挚友马尔克之死而作。在画中，人们可以明显地感受到克利对战争的痛恨。

1918年，40岁的克利终于离开了部队，回到了慕尼黑。丰富的人生经历，使他的艺术更充实更有生命力。他的画虽然有许多近乎几何图形的内容，却更加被人们欣赏、赞叹。克利终于成为了享有世界声誉的艺术家，成为当时风靡一时的抽象主义艺术的台柱。

但是，好景不长。仅仅过了10年，1928年后，德国又笼罩在纳粹的阴影之下。希特勒以如簧巧舌蒙骗了公众，采取种种灭绝文化的手法，一次又一次抄查作家、画家的住宅。冲锋队搜查了克利在德梭的家，他被指责为"西伯利亚的东方犹太人，文化上的布尔什维克"。原因只是一个，他有一位俄国风景画家朋友康定斯基。克利的父亲也因此被解雇。

1933年，纳粹再一次抄了克利的家，把他所有书信都没收了去。1937年，纳粹办的"堕落艺术展览"，克利有17幅画入选，当成示众材料。而这时，克利患上了皮肤病，几年间，只能靠想象构思图形，无法动笔创作。

病体刚好转，克利立即投入了新的创作。几年来郁积在胸中的躁动得到了抒发。他一反过去只画小幅作品的习惯，画了一大批大型的作品。在他生命的最后3年，他一共创作了数以千计的作品。在那个战乱的时代，他的画表达了对时代的控诉，具有纪念碑意义。

这一时期的作品，克利常常只用简单而粗放的线条就淋漓尽致地表现出人物的大胆、粗犷、泼辣。其中1938年那幅《甘苦之岛》在沉重的黑色木梁似的字体之下，色彩却十分亮丽，而那标题，表现出事物的两极，体现出画家的思想。

在生命的最后时刻，画家画了许多天使，《天使，还是女的》、《悲哀天使》、《天使，还是丑陋的》，这些天使似乎不受画家意志所左右，长长的线条变成飞行物，天使形象都用粗铅笔勾勒，然后用粉蜡笔或水彩画成稿。但是，作者终究没有盼望到他的天使，这世界依旧故我。

·不屈的勇士毕加索·

　　毕加索是西班牙马拉加人，1881年生在一个美术教师的家庭，自小便立志成为一名画家。他以精湛的画技，对艺术独特的理解，开创了立体主义绘画的先河，因为对人类自由与和平作出了卓越的贡献，毕加索在世界画坛上赢得了至高无上的荣誉。他1907年完成的《亚威农少女》，标志着立体主义的诞生；1937年《格尔尼卡》的完成，体现了他反对战争、反法西斯的坚定立场。毕加索1973年逝世于法国莫城，享年92岁。

　　毕加索19岁在法国举办了自己的第一场画展，他的立体派画作也大多在法国产生，因此，不知内情的人常把他当成了法国画家。但是，毕加索自己却从来没有忘记自己的故土，他的血管里一直淌着西班牙斗牛士激昂的鲜血。

　　20世纪30年代中期，毕加索把焦虑不安的目光投向了自己的祖国。西班牙的同胞正遭受着前所未有的灾难。佛朗哥发动了军事政变，把西班牙推入了内战的深渊。为了镇压起义的人民武装，佛朗哥居然雇用德国法西斯的飞机，把军事重镇格尔尼卡炸成了废墟。

　　据说，当时的格尔尼卡行人如潮，一派和平宁静的景象。突然从德国轰炸机上投下的重磅炸弹呼啸着从天而降，和平居民怎么也想不到死神会从天而降，人们惊慌失措，四处躲避，但没有哪儿是安全之处，格尔尼卡顿时血肉横飞，瓦砾遍地，化作了法西斯的屠宰场。

　　毕加索满腔的愤怒再也无法抑止，他要用画笔控诉法西斯的暴行。他用最快的速度创作出大型油画《格尔尼卡》，全景式地反映出格尔尼卡人民遭受的灾难。

那幅画有两个墙面那么大，即使站在扶梯顶上，也要举着长长的画笔，才能够着画顶上那个角落，工作实在危险。可是，毕加索义愤填膺，完全不顾什么安危了。他以最快的速度画好了这幅巨作。

整个画面，毕加索只用了黑、灰、白3种颜色，低沉的冷色烘托出悲哀的气氛。画里，街道上的和平居民，在倒塌的房屋之间，在倒毙的尸首中间，乱作一团。惨不忍睹的场景，控诉着法西斯暴徒惨无人道的罪行，呼吁着自由和和平。

在画的上方，有一盏不灭的灯。灯下边，一位重伤的青年人，手中紧握一柄折断了的利剑，正愤怒地注视着乌云翻滚的天空。青年人代表着希望、生存和奋斗的力量。

后来，法西斯德国发动了侵略战争，占领了巴黎。他们把《格尔尼卡》从展品中撤去，才允许继续开放毕加索的展览馆。他们还公开宣传自己的"德政"：谁说我们摧残持不同政见的艺术家？毕加索的展览馆不是还在开着吗？

巴黎的人听说毕加索的展览馆重新开放了，倒是想再去瞧瞧，他们大多是冲着那幅其大无比的油画去的。当他们没看着那幅画，悻悻地走出大门时，却看到毕加索正在门边赠送礼卡。那礼卡上，赫然印着他的《格尔尼卡》。人们惊喜交加，无法表达自己的感谢，也怕太张扬反而害了他们心目中的英雄，只能点点头，从他手中接过礼卡，又匆匆离去。人越来越多，都十分守纪律，一个挨一个经过毕加索身边，领了卡片才离开。

没料到，一伙德国兵也来展览馆。毕加索手里只有几张卡片了，正想离开。周围的人见到德国兵，都紧张地围拢来，想掩护毕加索离开。可惜晚了一步，一个德国军官已经站到毕加索面前，伸出了手，还用法语问道："你手里的画是你的杰作？"

毕加索把几张卡片往他手中一递，回答说："不！这是你们的杰作！"说完，在几位围观者的掩护下，抽身离去。

·永远的卓别林·

　　1889年，查尔斯·卓别林诞生在英国伦敦的一个贫民区。他的父母都是杂剧场的喜剧演员。他有过贫穷的童年，这给他创造流浪汉夏尔洛的形象提供了很大的帮助。成为演员后，他先在舞台演出，后来成为无声电影时代的巨星。他的《淘金记》、《摩登时代》、《大独裁者》成了那个时代的经典作品，因此他获得了世界和平理事会授予的国际和平奖和奥斯卡特别荣誉奖。卓别林于1977年在瑞士洛桑附近的维薇去世。

　　到了20世纪30年代末期，德国纳粹的势力甚嚣尘上，战争的阴影再一次笼罩在人们的心头。卓别林感到，自己再也不能坐在摩天大楼的写字台旁，去编写那些轻松愉快的喜剧了。花前月下、卿卿我我跟这世界太不协调了。他厌恶战争，厌恶独裁，他要用手中的笔，用电影这种方式，投入战斗，歌颂和平和自由。

　　卓别林想起了一位英国导演对他说过的话，那位导演说："你的夏尔洛，只要装上一撇小胡子，就像啤酒店里那个流浪汉希特勒了。"对呀，希特勒就是当今罪恶世界的根源，何不编一出讽刺剧，把夏尔洛与那个独裁者混淆起来，用误会法造成漫画化的效果？于是，卓别林立即全身心地投入《大独裁者》的创作之中。

　　要写一部紧密结合现实的讽刺剧，实在不容易。世界局势变幻无常，几乎每天一个样，他非得慎重再三，仔细斟酌不可。卓别林断断续续写了两年，一部《大独裁者》的剧本终于创作完成。

　　开始拍摄了，消息被传媒披露，卓别林立即收到许多来信。好心的人劝他小心从事，他们劝卓别林放弃这个计划，由于纳粹势力太强，即使拍了出来，也不见得能够公演，何必浪费精力和钱财？一些匿名信则恫吓卓别林，说如果放映这种影片，从而带来世界局势混乱不堪，后果要卓别林一人承担。卓别林没有动摇，如果拍出来不能公映，他就自己租剧院放映，让人们都来嘲笑独裁者。

就在片子快拍完时，第二次世界大战爆发了。卓别林再一次接到雪片似的来信来电，这一次统统是催他赶快完成《大独裁者》的。人们看到希特勒终于发了疯，人们对他的幻想破灭了，所有的人都在期待卓别林这部新作的诞生。

《大独裁者》是两个多小时的长片，以第一次世界大战为背景。流浪汉夏尔洛是个犹太人理发匠，战争中受了伤，丧失了记忆，病愈后重操旧业，因掩护一位反法西斯战士被捕。在集中营里，理发师换上别人交给他的军官制服，偷偷逃出了集中营。

独裁者兴格尔正在集中营附近打猎，因为面貌跟夏尔洛酷似，被追来的军队抓进了集中营。而夏尔洛却被拥进一辆豪华的轿车，开到被占领国首都广场上去发表演说。于是，影片产生了一系列的讽刺、嘲笑、影射情节，让观众在开怀大笑中痛快地嘲弄了独裁者。他采用荒诞派的手法，让独裁者玩弄一个充气的地球仪，表现出种种丑态，特别是那贪得无厌的神态最为生动。影片结尾又让地球仪破裂，表达出独裁者霸占地球的梦必将破灭的深刻含义。

卓别林还第一次让夏尔洛开口说话，他发表了演说："乌云正在消散！阳光照射出来！我们正在离开黑暗，进入光明！我们正在进入一个新的世界，一个更可爱的世界！"

这是永远的夏尔洛在说话，也是永远的卓别林的心声，更是千百万爱好和平的人们的心声。

·黑人歌手罗伯逊·

保罗·罗伯逊是美国一位天才的黑人歌唱家，他1898年出生在一个黑人牧师的家庭里，因此能够获得其他黑人孩子无法享受到的良好教育。6岁时他母亲就去世了。父亲对他管教十分严格。他在学校里成绩总是第一，是足球队长、篮球中锋，他棒球和铁饼成绩出众，但最擅长的还是演戏和唱歌。凭着他浑厚、深沉的男低音，26岁时他第一次登台便一鸣惊人。由于他用歌声为黑人的自由、为世界和平而斗争，因此获得了莫尔豪斯大学文学名誉博士学位。

在国内出了名，罗伯逊就把自己的艺术活动扩展到国外。为了能跟世界各族人民沟通，他努力学习各国语言，从20世纪30年代初，他开始学习中文，以后又学习了欧洲、亚洲各国语言共计25种，能够正确地用这25种语言歌唱，中国的《义勇军进行曲》就是因他的演唱而在美国广泛流传。罗伯逊就凭着这方面的突出贡献，在1943年的二战期间获得了美国"艺术与文学科学院"颁发的优良发音奖章，成为世界歌唱家中能运用各国语言演唱的最佳歌手。

尽管罗伯逊在美国和世界上都出了名，报纸上，无数动听的赞美之辞都奉献给了他，什么"这位黑肤色的巨人在一出伟大的剧本中洋溢出才华"、"除了非凡的体格以外，罗伯逊还有着精明而丰富的了解力"、"像他那样的声音也是很少听到的"。但是，他依旧是个黑人，种族的歧视不可避免地会落到他的头上。

罗伯逊不能在自己选中的旅馆住宿，因为那里只对白人开放；罗伯逊不能找一家餐馆讨杯水喝，因为那是供应白人顾客的；即使因为演出住进了纽约最好的一家旅馆，却只能乘坐运货的电梯上下，供白人顾客上下的电梯不让他使用。难堪的经历大大刺痛了罗伯逊，他不为喝彩而感动，也不为称赞而陶醉，他决定把黑人民歌和他们的生活真实地告诉世界人民，让大家了解被压迫的黑人民众的苦难。

他在伦敦演出，扮演一位中年的黑人苦力乔，头发花白、弯腰曲背的黑人出现在观众面前，他要一直不停地把棉花包从码头扛到船上，繁重的劳动、艰苦的生活折磨着乔，他在没完没了的苦役中怀着满腔愤怒唱出那支黑人民歌《老人河》。

"黑人劳动在密西西比河上，黑人劳动白人来享乐，黑人工作到死不得休息，从早推船直到太阳落……"当唱到"我们这样地痛苦疲倦，既害怕死亡，又厌倦生活"时，罗伯逊想，黑人如果一味地这样想，这样做，哪一天才能获得真正的幸福和自由呢？于是，他把那句歌词改成"我不哭泣，信念坚定，我永不停止那斗争的生活"。他改动的词既表达了黑人坚定的意志，又鼓舞了他们。有时候，他这支歌唱完，台下爆发出经久不息的掌声，罗伯逊不得不唱上三遍。

他把这支歌唱遍了世界，巴黎、维也纳、布达佩斯、布拉格，直至莫斯科。世界各地到处响彻他那感人肺腑的男低音，他那铁塔般高大的身影成为争取自由、平等、和平事业的象征。

当然，他的斗争不可避免地遭到反动势力的迫害，麦卡锡主义盛行的20世纪50年代，他被禁止出国，禁止表演，还上了政府的黑名单。但是，罗伯逊决不屈服，他"不仅要做一个人，而且要做一个促进黑人事业和工人阶级事业发展的黑人"。他"要乐观地继续战斗下去，直到死为止"。罗伯逊歌唱着、战斗着，直到1976年他生命的最后一刻。

·悬念大师希区柯克·

悬念大师希区柯克1899年生于伦敦。他所导演的电影以悬念著称，故事情节曲折离奇，扣人心弦。希区柯克执导的《蝴蝶梦》标志着他艺术上的成熟，这部影片曾于1940年获奥斯卡最佳影片奖、欧文泰伯纪念奖。1980年，希区柯克去世。

希区柯克热衷于制造悬念，是受孩提时代的影响。小时候，一旦希区柯克犯了错，总是父亲出面教训他，教训的次数多了，希区柯克难免有点儿不以为然，父亲的教训也就有一点儿不灵了。

有一次，他犯了错误，被父亲找了去。可是，这一次父亲既没有责备，也没处罚他，只是写了一张纸条，叫他送到祖父那儿去。这一来，希区柯克心中反而七上八下的。他还不识字，不知道父亲在条子里写的什么，更不知道祖父会怎么处罚自己。于是，他一边走，一边猜，父亲在条子上究竟写了些什么？他要祖父怎么处罚自己？他把自己曾经遭到过的处罚都回忆了一遍，不觉越想越怕。最后决定在祖父看到条子之前，先把自己犯的错承认一遍，免得遭到自己意想不到的严厉处罚。

当祖父惊讶地听完希区柯克的检讨，又看了纸条，马上大笑起来。他问孩子：你知道你父亲纸条上写的是什么吗？他要我问你，你是不是认识到自己犯的错误，承认了便好，不肯认错任凭我处罚。你看，这事已经完全解决了。我不必再说什么了，是不是？

到这时，希区柯克才舒了一口气。一个本来十分简单的事，一张十分简单的条子，因为它们被遮掩起来，一直到最后才被揭开谜底，于是便变得那么神秘，让人担惊受怕的程度远比直接挨一顿打厉害。

到了6岁的时候，希区柯克变得更加调皮捣蛋了。父亲和祖父用平常惯用的手法，已经完全没有办法对付这个孩子。于是，有一天，他父亲把他带到警察局里，把他留在里边，足足呆了5分钟。对于这种惩罚，希区柯克简直吓得灵魂出窍，只怕父亲从此留他在那个地方。直到他长大后，只要看到警察，哪怕只是来检查他的汽车驾驶证，他的心头总会涌起一阵莫名其妙的恐惧，有时竟会吓出一身冷汗。当他当了电影导演，再想起这些经历时，便感到自己安排的那些悬念也是一种恐惧的升华，观众只有在内心涌动恐惧神秘感时，悬念才会变得特别地强烈，影片的效果才更强烈。

按照悬念的理论，希区柯克确实安排出了许多精彩的电影故事情节。当然，这些精彩情节决不是他父亲对付小孩子的那种幼稚的玩意儿，而是经过希区柯克一丝不苟的艺术创作。

他是一位业余的画家，常常在构思影片时，用连环画的形式，把自己充满悬念的情节画下来，然后，照此拍摄影片。他安排的悬念总是不露痕迹。

在《蝴蝶梦》里，影片一开始，从迷惘梦幻般的景色中传来女主人公的画外音，同时伴随着紧闭的铁门、杂草丛生的大道、朦胧中的府邸废墟。影片就在倒叙中建立悬念，她是谁？为什么老是在梦里回到那废墟去？还有那频频出现的"R"字母，代表男主人公前妻丽贝卡这个没有出现的人物，使人处处感觉到一种潜在的恐惧。

希区柯克凭借其卓越的悬念制造手法，为世界电影史留下了众多优秀的影片，许多明星也是凭借这些影片而一炮走红的。